EL CRASHBALL COMO HERRAMIENTA PEDAGÓGICA

RODOLFO MARTÍNEZ BUENO

Autores Editores S.A.S

© Rodolfo Martínez Bueno

9 789584 498113

© 2011 Rodolfo Martínez Bueno
1ª edición
ISBN: 978-958-44-9811-3
DL:
Impreso en Colombia / Printed in Colombia
Impreso por **Autores Editores S.A.S.** © 2011

a mi angelito guardian, quien ha sido y será mi compañera de la vida…

to my Little angel, who has been and shall be my life´s partner…

חיי שותף ויהיה שהיה, שלי השומר המלאך

Engel mein Schutzengel, der gewesen und hat sich mein Leben Partner zu sein

ÍNDICE

PREFACIO

Los deportes han sido usados como estrategias para generar disciplina y concentración en los estudiantes de diversos centros educativos en el mundo a lo largo de la historia.

Civilizaciones como la china, celta, grecorromana, escandinava, anglosajona y japonesa han desarrollado disciplinas deportivas que complementaban o le daban cimientos a las nuevas generaciones. Las preparaba para la vida en sociedad y para sí mismos como individuos.

En éste libro se pretende dar a conocer un nuevo deporte que como tal encierra los principios del trabajo en equipo, la disciplina y la modificación de conducta pertinente. De igual manera se presenta una alternativa al quehacer pedagógico de las instituciones educativas del país y quizá de Latinoamérica, para apoyar procesos de formación integral que orienten las mentes de sus educandos hacia el alcance de objetivos y el crecimiento personal. Todo lo cual se traducirá en la construcción de una sociedad honesta, responsable y exitosa.

El CrashBall como práctica deportiva surge como alternativa pedagógica hacia el uso adecuado del tiempo libre de los jóvenes y niños entre los trece y diecinueve años de edad, quienes tienen una gran fuerza vital que puede ser desperdiciada debido a la presencia de fenómenos tales como pandillismo, tribus urbanas y modelos delincuenciales cuya influencia podría echar a perder los proyectos de vida de personas en situación de marginalidad o periferia cultural.

Se parte de la premisa de que todos pueden hacer deporte de contacto, con alto nivel de competencia al aire libre, sin discriminación de ninguna índole, especialmente cuando hay un entorno agresivo, incitador de violencia permanente, en el cual los estudiantes están *"bombardeados"* por modelos sociales y culturales nocivos para la autoestima, la salud y la mentalidad altiva disciplinada que puede superar barreras, alcanzar objetivos y transformar su propia realidad.

Jugar CrashBall es fomentar la solidaridad, el trabajo en equipo, la resolución de problemas y sobre todo, la capacidad de creer en nosotros mismos como seres humanos eficaces, responsables y con mentalidad creativa para ser exitosos en la vida, sin estereotipos e imaginarios errados de nuestro entorno. El CrashBall se ha creado para construir proyectos de vida exitosos en todas las instituciones educativas del mundo.

Por todas estas razones, el libro expuesto aquí, responde a la necesidad de contribuir a la innovación pedagógica y la búsqueda de estrategias pedagógicas que contribuyan a la formación de personas pese a la presencia de entornos socioculturales agresivos con imaginarios colectivos mediatizados que aparentemente no permiten la influencia de las aulas en la cotidianidad.

Bogotá D.C; noviembre 20 de 2011

CAPÍTULO I
¿Qué es el Crashball?

El CrashBall es un deporte de equipo al aire libre similar al *rugby* profesional, que se practica con siete jugadores ubicados en tres líneas de contacto y de arranque denominados según el orden como:

1ª Línea: 3 *Stones*
2ª Línea: 3 *Hunters*
3ª Línea: 1 *Backhunter*

Los primeros son de mayor masa muscular y resistencia física, los segundos son hábiles para hacer pases y correr la bola en el campo, el último (*Backhunter*) cuida el área de anotación y apoya a los *Stones* y *Hunters* cuando la situación lo amerite. De acuerdo a la descripción anterior, podemos deducir que a mayor estatura y contextura gruesa es factible que el jugador sea un *Stone*, ya que puede bloquear con facilidad al equipo contrario, propiciando tiempo valioso para que los *Hunters* puedan desplazar el balón en el terreno de juego alcanzando el área de anotación.

Los *Hunters*, a pesar que pueden bloquear y taclear sin problema, deben ser mas diestros en la táctica de juego y desplazarse haciendo el mayor número de pases posible hasta anotar. Por otro lado, el *Backhunter* guarda el área de anotación, sin embargo, él puede desplazarse en el terreno de juego, buscando pases o haciendo la carrera directa para anotación desde su posición hasta la posición contraria sin necesidad de pases alternos.

¿Cómo inicia el juego?: El juego inicia con un silbato de habilitación, al cual responden los *Backhunters*, quienes se desplazan a atrapar el balón que está ubicado en el centro del terreno, aquél que lo atrape primero tiene derecho a realizar el saque inicial.

¿Cómo se hace el saque inicial?: el *Backhunter* que atrapó el balón oval va hasta su posición y realiza el primer pase a uno de los *Hunters*, quienes inician los pases tipo *forward*.

¿Cómo se habilita el juego total?: para que el juego dé inicio plenamente, los *hunters* deben hacer tres pases desplazándose hasta el medio campo, habilitando a los *Stones* de ambos equipos, los cuales inician el ataque y la búsqueda del balón oval.

¿Cuál es el objeto del juego?: el objeto del juego es que dos equipos de siete jugadores cada uno se disputan el terreno para alcanzar posiciones mediante pases alternados que los habilite para hacer el mayor número de anotaciones posible sin dejar caer el balón oval, ya que habilita al equipo contrario para que siga el juego, perdiendo terreno o táctica planteada por el equipo.

Terreno de Juego

El terreno de juego consta de un escenario de 29 x 15 Mts para juego estándar y de 100 x 70 Mts para juego de alta competencia. El primer escenario es más cómodo para llevar a cabo encuentros en colegios o centros comunitarios, ya que facilita el transporte del césped sintético o la práctica sin necesidad de éste.

Área de Juego: el área de juego está delimitada por tres campos: área de **Equipo A**, área de **Equipo B** y **Medio campo**, dentro de las áreas de los equipos se encuentra la posición del *Backhunter*, quien guarda el área de anotación, la cual es aquella que aparece de gris claro, muy importante, ya que es el objetivo del desplazamiento en el campo de juego.

Posición Backhunter

| AREA | EQUIPO A | Medio Campo | EQUIPO B | Area |
| Punto | | | | punto |

Uniformes y Accesorios

Los uniformes para practicar CrashBall deben ser lo más cómodos posible, ya que es un deporte de intenso contacto físico, en el cual se debe evitar rasguños, perforaciones accidentales o golpes con objetos contundentes, así que elementos tales como relojes, pulseras, anillos, cinturones, cremalleras y demás no son reglamentarios porque pueden causar daño de regular importancia. El modelo que aparece aquí nos puede servir de referencia para identificar cual es el ideal para la práctica del juego. Observemos que la camiseta es muy cómoda con quiebre de cuello fabricada con material elástico impermeable, pantaloneta de textura suave con malla interior, medias tipo deportivas, cómodas de material sintético para facilitar la frescura durante el juego. Por otro lado, los accesorios adecuados para CrashBall son rodilleras internas, canilleras y una faja interior suave debajo de la camiseta, para proteger costillas y riñones durante el tacleo y el choque normal del juego.

Balón Oval: es la mayor característica que tiene el CrashBall, ya que se basa en el principio de juego del rugby profesional. El balón ideal cumple las siguientes características: su cubierta es de caucho, el diseño es de 4 paneles, su estructura es vulcanizada, la superficie es granulada entre 320 – 340 gr o entre 400 – 440 gr, siendo muy recomendable el primer peso para prácticas generales con una circunferencia de 62-64 x 47-49 cm[1].

---

[1] Tomado de las medidas oficiales y referencias de Adidas, Gilbert y Kraushoffen (2005)

Zapatos de Crash Ball: pueden ser guayos para césped sintético o tenis de goma para superficies duras. Se recomienda que tenga muchas hendiduras o canales, que no sean planos, ya que el jugador corre el riesgo de resbalarse si está en el terreno duro o de cemento.

Reglas de Juego

Saque Inicial: los jugadores se ubican en sus posiciones de acuerdo al siguiente gráfico:

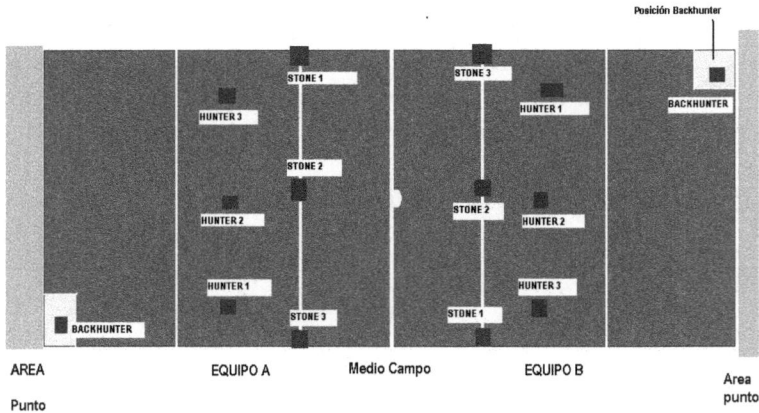

Los *Backhunters* se ubican en sus posiciones (*"cages"*) y se preparan para salir corriendo hacia el centro del terreno en busca de la pelota oval, el primero que la atrape tiene derecho a realizar el saque inicial. Aquél que haya atrapado el balón se dirige a su *"cage"* y habilita un pase a uno de los *hunters*, el que reciba el pase debe hacerlo al siguiente *hunter* hasta completar tres pases sucesivos, de ésta manera los *Stones* se dirigen a campo contrario para tomar posiciones de ataque y esperar un pase que les permita iniciar el juego. De acuerdo a la siguiente secuencia podemos apreciar el mecanismo de habilitación del juego inicial:

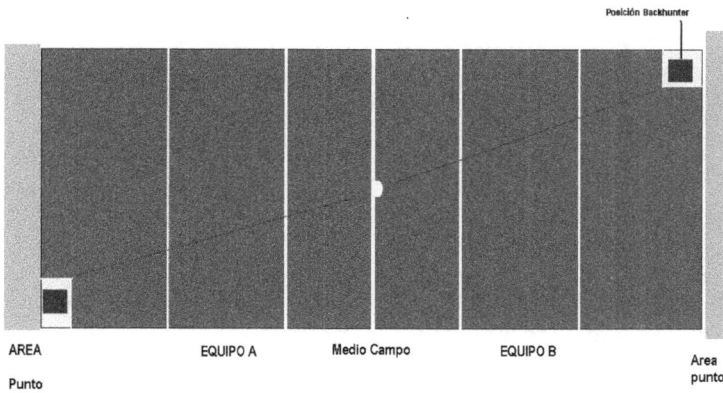

Posición Backhunter

AREA
Punto
EQUIPO A
Medio Campo
EQUIPO B
Area
punto

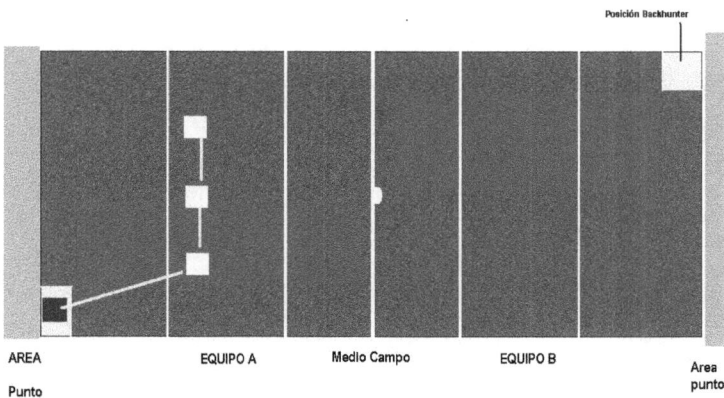

Posición Backhunter

AREA
Punto
EQUIPO A
Medio Campo
EQUIPO B
Area
punto

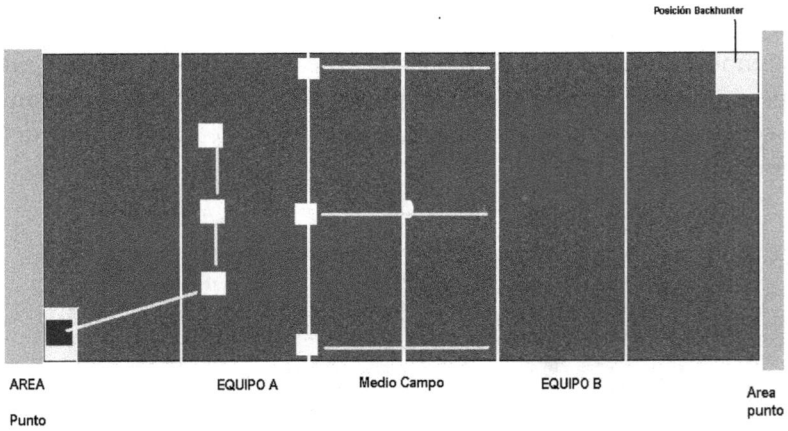

La regla básica inicial es permitir el desplazamiento que los *Stones* deben hacer para habilitar el juego inicial. De lo contrario se debe reiniciar la jugada.

Cuando los *Stones* hayan ocupado su posición en campo

contrario, el juego da inicio, por lo tanto el ataque de los *Stones* se hace sentir frente a los *hunters* contrarios.

Habilitación de Pases: los *Hunters* y los *Stones* deben hacer un gran número de pases para poder realizar un punto en el campo contrario. Es preferible que un *Hunter* pueda hacer el punto y que el *Stone* se dedique a "*limpiar*" el terreno de contrincantes. Ello sería una jugada maestra, sin embargo cualquier jugador puede hacer anotaciones siempre y cuando esté habilitado, es decir que el balón que reciba haya pasado por las manos de al menos dos jugadores antes de llegar a las suyas. La idea básica es que los jugadores trabajen cooperativamente, se involucren y creen estrategias para lograr anotaciones limpias, avanzando en terreno contrario, evitando lesiones, contacto físico imprudente o jugadas ilegales sin un trabajo en equipo previo.

Backgroup: esta jugada es más una regla, ya que sucede cuando un jugador es atacado por todo el equipo contrario (*hasta seis jugadores contra uno*), lo que trae como consecuencia que el jugador se caiga o sea tacleado con fuerza, allí, el árbitro pitará un "*Backgroup*", permitiendo que el jugador arroje el balón lo más alto posible para que sea atrapado por los demás, habilitando de nuevo el juego para todos.

Anotación: cuando un jugador está plenamente habilitado, puede realizar una anotación en campo contrario, sosteniendo el balón y arrojándolo luego en el campo para que se legalice el punto.

Tackle-up: es una jugada en la cual un *Stone* o un *Hunter* atacan a su contrario, usando su fuerza de masa superior, para debilitar o ganar espacio y obtener la pelota oval, en caso dado sirve para despejar el área cuando hay una fuerte concentración de jugadores oponentes.

Tackle – Down: es una jugada en la cual el jugador ataca a su contrario por la cintura, deteniendo el impulso inicial, ya sea para obtener la pelota oval o para evitar pases de habilitación que puedan significar una anotación.

Se debe evitar usar codos o rodillas ya que podrían lesionar a un jugador, igualmente no se debe apoyar las manos en el cuello del contrario, por ningún motivo.

Reglas:

- *Si un Backhunter no realiza un buen saque, el balón pasa a las manos del equipo contrario*

- *Si un Hunter o un Stone dejan caer la pelota oval, ésta pasa a un jugador del equipo contrario desde el lugar donde cayó, reanudando el juego*

- *Si un jugador es tacleado varias veces antes de llegar a la meta, así haya llegado al punto de anotación, ésta no será tenida en cuenta, ya que no estaba habilitado*

- *Si un Backhunter atrapa la pelota oval en su propia área, él puede salir corriendo hasta el campo contrario y hacer una anotación sin necesidad de pases de habilitación*

- *Si un Backhunter taclea o detiene a un jugador contrario que va a anotar, éste queda inhabilitado para lograr punto*

- *Si un jugador pasa la línea del área de punto, sólo puede ser detenido por el Backhunter*
- *La línea del área de punto solo puede ser pasada por un jugador habilitado, si hay varios se sanciona el punto*
- *Cada vez que se haga una anotación, los equipos deben tomar posiciones de juego como en el saque inicial*
- *Cuando el Backhunter haga el saque después de una anotación, apenas se haga el primer pase el juego se habilita de nuevo y el equipo contrario puede atacar*

Faltas:

- *Si un jugador ataca a su contrario con puños cerrados, patadas o golpes innecesarios se sanciona éste comportamiento antideportivo con una tarjeta verde (expulsión)*
- *Si un jugador utiliza codos para atacar, se considera una falta en CrashBall y se sanciona con una tarjeta cristal*
- *Si un jugador patea el balón, se pita falta y el equipo contrario debe cobrarla tomando el balón desde el punto indicado por el árbitro*
- *Si un jugador deja caer el balón y luego lo toma sin pasarlo al contrario como es debido, se pita falta y debe ser cobrada desde el punto de fallo*
- *Si un jugador toma de la camiseta a un contrario se considera merecedor de una tarjeta cristal*
- *Si un jugador es tacleado antes de llegar a la zona de anotación, no puede hacer legal el punto; para evitar ésta situación debe hacer un pase hacia atrás para que otro jugador pueda anotar*
- *Un jugador no puede retener al contrario tirándolo de su camiseta o tomándolo del brazo, debe taclear hacia arriba o hacia abajo*
- *No está permitido hacer zancadilla a ningún jugador, es conducta antideportiva y se sanciona con expulsión (tarjeta verde)*

- *No se puede retener demasiado tiempo el balón, ya que el árbitro pitaría falta con tarjeta cristal*

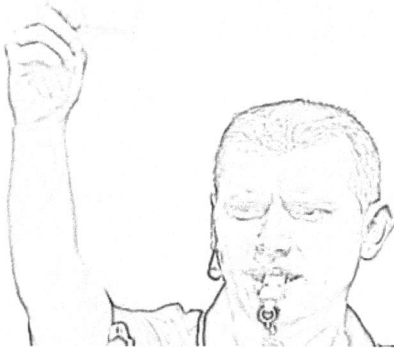

Tarjetas de sanción: En CrashBall existen dos tarjetas, una cristal para faltas leves y una verde para faltas graves, la acumulación de cuatro tarjetas cristal permite una verde y por ende la expulsión del jugador sin reposición alguna.

Arbitraje: en CrashBall, los árbitros usan dos uniformes distintivos: el *negro* o el *blanco.* Su función principal es verificar el juego limpio, la habilitación de pases y la aplicación de sanciones a que haya lugar dentro del terreno de juego. En cada encuentro el árbitro controla el tiempo y habilita faltas o cobros de anotación dependiendo la dinámica del juego, la cual es muy activa.

Tiempo de Juego: se

juegan dos sets de veinte minutos cada uno con un tiempo de receso de diez minutos. Al final se suma el resultado de los sets dando el puntaje total.

Tiempo extra: cuando hay empate, se asigna cinco minutos o más dependiendo de la capacidad de ataque de un *Backhunter*. Este jugador se ubica en su *cage* y se prepara para atrapar el balón oval como si fuese un saque inicial, cuando lo haga él debe enfrentarse a un *Stone* del equipo contrario, si éste lo taclea con mayor fuerza, deben intervenir los demás Stones para auxiliar al Backhunter, quien se habilita para que pueda llegar al campo contrario y hacer una anotación, así desempata y gana el encuentro.

"Tercer tiempo": al igual que en el *Rugby* profesional, en el Crash Ball los jugadores se reúnen para amenizar el encuentro a través de una celebración pequeña, en la cual se comenta el juego, se fortalecen las relaciones de equipo y se liman asperezas que se hayan podido producir en el campo, evitando la enemistad y dando lugar al espíritu deportivo y justo.

Protocolo de Juego: El inicio del juego tiene un protocolo corto pero simbólico, en el cual se sigue éste procedimiento:

1. Show de Porristas
2. Exhibición de estandartes deportivos con los logos de los equipos
3. Llegada del equipo de árbitros
4. Llegada de los jugadores
5. Saludo de jugadores
6. Grito de Victoria de cada equipo
7. Himnos

Los jugadores tienen que calentar como mínimo veinte minutos para que puedan tener los músculos en posición de competencia (*resistencia de fuerza*), al igual que deben hidratarse antes, durante y al final del encuentro. El objetivo del protocolo es proponer un juego limpio, en el cual los participantes puedan competir y obtener una victoria en condiciones deportivas, donde el respeto y la responsabilidad por el otro son muy importantes, ya que el mensaje que se debe transmitir es el de un deporte de caballeros con valores y dignidad que disputan un terreno de anotación bajo condiciones adversas, que deben ser superadas para vencer y triunfar con un constante trabajo solidario, cooperativo y ambientado en un combate seguro sin verdugos.

Táctica de Juego: *Las tácticas de juego dependen de las condiciones del mismo, es decir, hay que tener en cuenta el reglamento para identificar la validez de determinadas tácticas importantes.*

Avance de Campo: Cuando el juego general está habilitado, es muy importante que los *Stones* avancen hasta el terreno contrario para *"despejar"* y permitir que los *Hunters* puedan hacer pases que los lleve a hacer una anotación.

Jugador tacleado antes del área de anotación: cuando un jugador es tacleado antes de llegar al área de anotación, éste debe hacer un pase a un compañero para que éste pueda hacer el punto, ya que si avanza el árbitro no validará la anotación que pudiera hacer.

Juego de Intimidación: cuando hay desventaja de puntos, es bueno que el equipo haga uso de sus Stones para *"despejar"* terreno, facilitando que los pases de los *Hunters* se mantengan regulares y permitan una oportunidad de anotación.

Pases hacia atrás: cuando hay demasiado bloqueo de la zona de anotación contraria, es bueno que se hagan pases hacia atrás en dirección al *Backhunter*, quien habilita pases de nuevo hasta lograr oportunidades limpias de anotación.

Distracción: en casos de excesivo *taclaje* y *bloqueo* es bueno que los *hunters* hagan muchos pases que hagan rotar al equipo contrario fuera de su área y así aprovechar una zona despejada que permita habilitar a un jugador para que anote.

Valores destacados en el CrashBall

Solidaridad: porque sin éste valor, no es posible aprender la importancia del trabajo en equipo, cada pase, cada entrenamiento requiere del apoyo del compañero permanentemente.

Respeto: porque antes, durante y después del juego, los participantes manifiestan conocimiento de las reglas para jugar limpiamente y no agredir verbal o físicamente a sus compañeros o contrincantes.

Honestidad: porque en cada falta cometida se reconoce el error y se procede a remediarlo siguiendo las indicaciones del árbitro. Además hay claridad entre norma y acción.

Responsabilidad: porque en cada práctica de entrenamiento o en cada encuentro el jugador aprende la importancia del tiempo para aprovecharlo, el cuidado que hay que tener para adelantar calentamientos y seguir instrucciones como mecanismo de búsqueda del bien común.

Autonomía: porque el jugador es capaz de tomar decisiones por su cuenta a favor del equipo y coordina de la mejor manera posible una táctica, en función del cooperativismo y la construcción solidaria del juego.

Entrenamiento Básico

Calentamiento: este procedimiento es requisito indispensable, debido a las condiciones del juego, ya que los desgarres, tendinitis o problemas de respiración pueden ser recurrentes si no hay una adecuada regulación de la sangre desde el comienzo. El procedimiento es:

1. Trote de primer tiempo: los jugadores trotan en series de 15 minutos, parando para estirar piernas y brazos.
2. Trote de segundo tiempo: los jugadores trotan 20 minutos
3. Serie extremidades: luego de las series de trote, los jugadores toman posición de estiramiento hacia adelante, trabajando brazos y piernas

4. Serie abdominales, pectorales y brazos: los jugadores trotan de nuevo diez minutos y realizan siete flexiones de pecho, acompañadas de siete abdominales, lo cual fortalece brazos, abdomen y pecho, repiten el proceso tres veces más

5. Estiramientos: para finalizar, los jugadores estiran brazos y piernas en posición de arquero, bajando y subiendo alternadamente

Entre el paso 3 y 4, se puede incluir estiramiento de brazos por separado y relajamiento de cuello, cabeza y hombros.

Organización deportiva y Clasificación

El CrashBall como otras disciplinas deportivas tiene una organización que permite participar a jóvenes y adultos a través de equipos de alta competencia.

- **CATEGORÍA A (*First Training*)**

Edad: 13 a 17 años
Competencia: Interclubes Junior
Torneos: *CrashBall Junior Club Championship*

- **CATEGORÍA B (*Second Training*)**

Edad: 18 a 22 años

Competencia: Interclubes Profesionales
Torneos: *CrashBall Club Cup*

- **CATEGORÍA C (*Third Training*)**

Edad: 23 a 40 años
Competencia: Selecciones Nacionales
Torneos: *CrashBall Nations Championship – Eliminatory*
CrashBall World Cup

Autoridad Deportiva: *por ser un deporte nuevo, aún no hay una entidad reguladora, pero en la medida que surjan clubes categoría A, será posible conformar una federación internacional.*

CRASH BALL

CAPÍTULO II
La sociología del juego

Un conocido magnate americano planteaba que su mejor estrategia para conocer a su *Staff* de ejecutivos directivos era invitarlos a participar en un juego colectivo, bien fuera béisbol, baloncesto o fútbol americano, allí, en plena competencia, cada persona mostraba las cualidades y defectos de su carácter, lo cual le facilitaba la selección del personal ideal para proyectos de expansión o liderazgo corporativo.

De acuerdo a lo anterior, es importante analizar el contexto sociológico del juego, para comprender la dimensión pedagógica que alcanza un escenario particular que enriquece las relaciones interpersonales como es la escuela.

El concepto del *Homo Ludens*

No podríamos hablar de la sociología del juego sin revisar el aporte de Johan Huizinga en su libro titulado así: *homo ludens*, ya que es un abordaje muy serio sobre el juego en sí.

El define el concepto de juego como una *"acción u ocupación libre, que se desarrolla dentro de unos límites temporales y espaciales determinados, según reglas absolutamente obligatorias, aunque libremente aceptadas, acción que tiene su fin en sí misma y va acompañada de un sentimiento de tensión y alegría y de la conciencia de "ser de otro modo" en la vida corriente"* (HUIZINGA, Johan. 1938); si analizamos en detalle esta definición notamos tres subconceptos: *ocupación libre – acción – sentimiento;* no se puede pasar por alto esta noción interasociada cuando el juego surge como un escenario paralelo a la cotidianidad, pese a complementarla en sí.

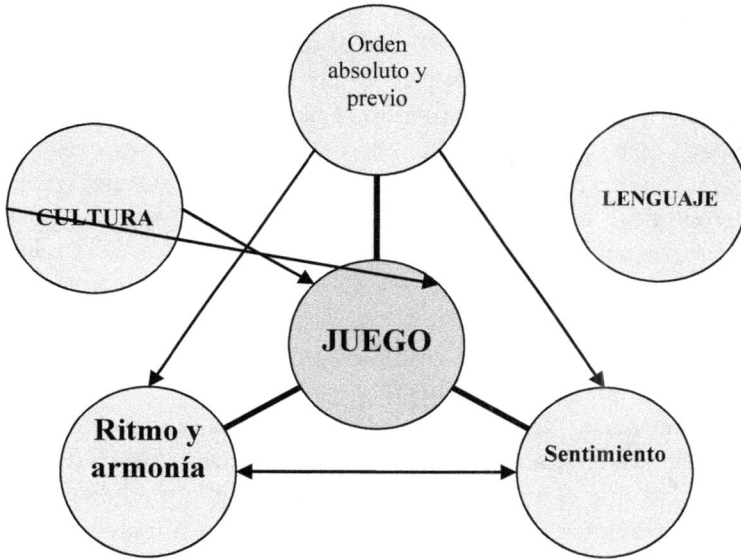

Esquema n°1: Concepto de juego – homo ludens

Una de las características más importantes del juego, es ser una actividad libre. *"El juego por mandato no es juego"*, es decir, no debe suponer ninguna obligación, ya que cada persona debe decidir si estar en él o no y por esta razón puede ser abandonado en cualquier momento, pese que si lo hace éste puede terminar. Otra característica es que el juego se aparta de la vida cotidiana, de la rutina. No obstante de estar en "otro mundo", tiene límites de espacio y tiempo. Esto se refiere a que el juego comienza, cuando se elige libremente jugar y termina por diferentes razones, como puede ser la propia voluntad, o causas externas a la persona (por ejemplo cuando le piden que termine el juego para hacer sus deberes). Cuando se juega, se tiene noción de que es un escape a la vida corriente, pero como toda actividad debe tener un inicio y un fin; en un tiempo y espacio determinado. Luego de haber terminado el juego, éste quedará en el recuerdo, ya sea como creación o como tesoro espiritual y puede transmitirse como una tradición dentro de la cultura. Dentro de los espacios en que se realiza el juego, existe un orden absoluto y propio. *"La desviación más pequeña estropea todo el juego, le hace perder su carácter y lo anula"*, ya que este debe tener una estructura determinada para poder realizarse. El ritmo y la armonía, son las cualidades más visibles que se encuentran en el juego.

Si bien existe armonía y ritmo en el jugar, también existe tensión. Ésta alude a la incertidumbre y azar que se dan en el juego, ya que el juego se va desarrollando a la medida en que el hombre avanza dentro de éste. Esta tensión pone a prueba las facultades de la o las personas que juegan, ya sea en el ámbito físico (como fuerza corporal, resistencia, etc.), o espiritual (la inventiva, el arrojo, etc.). Este último es muy importante ya que el hombre, en medio de sus deseos de ganar debe obtener un equilibrio para no salirse de las normas y reglas del juego. Estas normas y reglas, libremente aceptadas por los jugadores, son un punto fundamental en el juego. Si se transgreden, el juego se acaba, ya que estas le dan la característica de orden.

Al analizar las diferentes características expuestas anteriormente, nos cabe preguntar, qué es la actividad lúdica. Si bien puede ser la forma espontánea en que se expresa el ser humano, tanto social como personalmente. Puede ser la forma de liberar nuestras tensiones, o de esparcirnos o de entretenernos. Pero ante todo, el juego es ocio, ya que nos produce agrado, satisfacción, alegrías. Necesitamos estar contentos sin esos propósitos que suponen esfuerzos en las horas de nuestra vida y por momentos nos entregamos a la búsqueda de un placer puro, válido en sí mismo como acto pleno. El juego tiene una finalidad, puede ser individual o grupal; es una actividad que involucra absolutamente al hombre, y en él no se puede disimular.

En conclusión, *el juego es creación*, tanto la creación de un nuevo mundo, donde existe un orden, ritmo propio, límites, reglas; como también la creación en el sentido de la alta capacidad imaginativa del hombre. Es un reto a su inteligencia, capacidad de lucha, de resistencia y de inventiva; espacio y escenario en los que demuestra su habilidad y su destreza; esa virtuosidad propia de la condición humana. (HUIZINGA, Johan (1938))

El juego como creación sociocultural

Siguiendo este orden de ideas, la condición humana permite la construcción *cultural* como un reflejo de los imaginarios colectivos, sean estos tamizados o no por factores religiosos, etnocéntricos o geográficos.

La relación entre el juego y el mundo es muy importante ya que no se puede olvidar que el hombre que juega está inmerso en una cultura; que es parte de una sociedad y por lo tanto parte del mundo. El juego es anterior a la cultura, ya que los animales no esperaron a que el hombre les enseñara a jugar. La cultura surge en forma de juego, al principio ésta se juega. Acá podemos darnos cuenta como claramente lo lúdico se encuentra en los trasfondos de la cultura, esta conducta lúdica se puede observar en nuestra vida cotidiana, pero sin que se sistematice ya que si esto ocurre se pierde su puro contenido.

El juego claramente tiene una relación entre persona con una cosa o aún más importante persona con persona, ya que como señala Huizinga "*no existe un juego en solitario ya que para que el juego sea posible es preciso que exista otro jugador o "algo otro"*". Es aquí donde precisamente se puede nuevamente observar que si es verdad que el hombre nace y muere solo necesita de las personas o de otras cosas para vivir ya que él cultiva para poder vivir. Planteando que el hombre necesita de otra persona podemos ver como él juego permite solturas a las relaciones, además de una mejor comunicación en sí una mejor relación entre las personas. Como señalamos en la relación anterior el juego provoca una *satisfacción personal*, pero además una *gratificación grupal* y esto es lo que permite conocer mejor a las personas a través de algo tan simple como un juego. En este no importan las diferencias políticas, clases sociales, religión y color lo único que importa es el juego, ya que en éste somos todos iguales, debido a ser una relación horizontal. Definitivamente nos produce una mirada distinta del mundo.

En este sentido, el empresario americano mencionado al comienzo, tenía bastante razón al aplicar la estrategia del juego como *tamizador* del recurso humano en una corporación.

Esquema n°2: Lúdica como continuación del juego

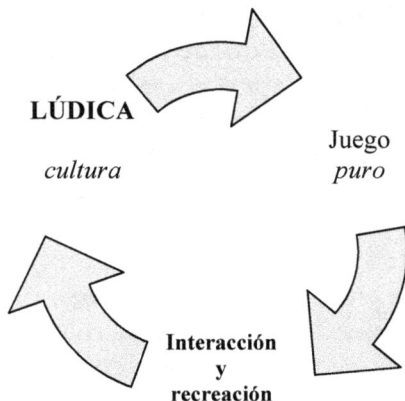

LÚDICA

cultura

Juego
puro

**Interacción
y
recreación**

CAPÍTULO III
El Crashball como herramienta pedagógica

Cuando hablamos del Crashball como *herramienta* pedagógica, nos enmarcamos en la *necesidad* de convertir un deporte en una poderosa posibilidad de construir *aprendizajes* que no se adquieren fácilmente en un aula, sino en espacios abiertos donde confluyen la ira, la ansiedad, la angustia, la agresividad y se convierten en alegría, calma, autocontrol y respeto.

Como su nombre lo indica, una herramienta es un instrumento que nos facilita el trabajo, y en éste caso particular: la labor de *educar, formar* y *orientar.*

Si proponemos el Crashball como una práctica deportiva alternativa, cualquier organización educativa la podría implementar como club adicional o complementario al currículo obligatorio y no trascendería más. Por el contrario, se pretende convertir la práctica del Crashball como una *excusa* para transformar conductas agresivas e intolerantes en la escuela y facilitar la formación de valores mediante la acción física.

Esquema n°3: Modelo input – output del crashball como herramienta pedagógica

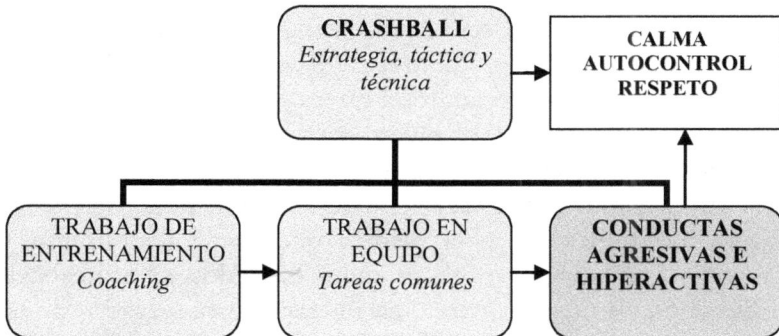

NECESIDAD	HERRAMIENTA	APRENDIZAJE
¿Cómo enseñar a ser tolerante?	Práctica del juego *cooperativo*	ALEGRIA
¿Cómo enseñar a tener autocontrol?	Práctica del juego *competitivo*	CALMA
¿Cómo enseñar a ser respetuoso?	Práctica del juego *reglamentado*	RESPETO

Tabla nº1: objetivo del Crashball como herramienta pedagógica

Para dar viabilidad a ésta propuesta debemos apoyarnos en la asignatura de Educación Física y posiblemente en los proyectos de tiempo libre que operan como articuladores de las ideas de apoyo para contribuir a la formación integral de los educandos. Ahora bien, la educación física alcanza sus metas formativas valiéndose de medios o formas de trabajo determinadas. Algunas de ellas son el deporte educativo, el juego motriz, la iniciación deportiva y su correspondiente profundización en baloncesto, fútbol, voleibol, tenis o patinaje, entre otros.

La educación física puede contemplarse como un concepto amplio que trata de desarrollo y la formación de una dimensión básica del ser humano, el cuerpo y su motricidad. Dimensión que no se puede desligar de los otros aspectos de su desarrollo, evolución-involución. Por lo tanto, no se debe considerar que la educación física esta vinculada exclusivamente a unas edades determinadas ni tampoco a la enseñanza formal de una materia en el sistema educativo, sino que representa la acción formativa sobre unos aspectos concretos a través de la vida del individuo, es decir, constituye un elemento importante del concepto de educación física continua de la persona. (Sánchez Buñuelos, 1966). La educación física se convierte en una pedagogía de las conductas motrices, en la medida que trata de optimizar o mejorar las conductas motrices de los educados. El profesor de Educación física se convierte en un experto observador de las conductas motrices de sus alumnos, y una vez catalogadas y sistematizadas, trata de sugerir o plantear las situaciones motrices que provocan la optimización de las conductas observadas en función de un determinado proyecto pedagógico y de aquello que sea de mayor interés y congenien para la persona afectada (Lagartera, 2000).

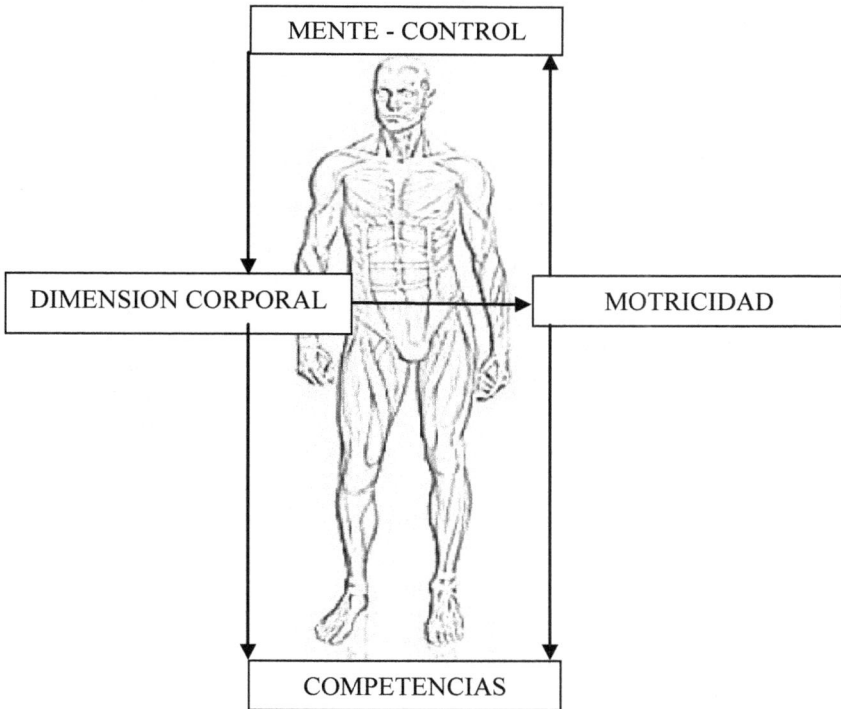

En cuanto al desarrollo integral del individuo, la educación física trasciende la antigua idea del ser humano como una suma de *cuerpo*, *mente* y *alma*; por el contrario, trabaja sobre todos los aspectos de la persona como una *unidad*. Las distintas corrientes de la educación física pueden definirse de acuerdo a la forma en que se focaliza la disciplina. Existen corrientes que se centran en la *educación* (su campo de acción es la escuela y el sistema educativo en general), en la *salud* (se considera a la educación física como un agente promotor de la salud, con la intención de prevenir enfermedades), en la *competencia* (la disciplina como entrenamiento deportivo para el desarrollo de alto rendimiento), en la *recreación* (actividades lúdicas para vincular al sujeto con el medio) y en la *expresión corporal* (a partir de la influencia que recibe de la danza, el yoga y la música).

UNIDAD	EDUCACIÓN	*formación*
	SALUD	*prevención*
	COMPETENCIA	*entrenamiento*
	RECREACIÓN	*lúdica*
	EXPRESIÓN CORPORAL	*Ritmo y armonía*

Tabla n°2: Campos dinámicos del Crashball desde la edufísica

El Crashball, bajo ésta perspectiva resulta ser un conjunto de herramientas más que una sola, que cumplen la función de articular la dimensión corporal del individuo con las posibilidades que le da su imaginación y la transformación de las emociones para generar cambios de mentalidad y conductas bajo principios fuertes que con el tiempo aportarán nociones de vida social. Resultados del proceso de acondicionamiento kinésico son el autocontrol y el respeto, los cuales como principios rectores de nuestras acciones determinan firmeza de carácter y autoestima, que como tesoros hacen de nuestra existencia algo sublime y segura.

La práctica del Crashball como una *excusa* para transformar conductas agresivas e intolerantes

Para lograr éste resultado, es preciso tener en cuenta los valores asociados a este deporte: *solidaridad, respeto, honestidad, responsabilidad y autonomía*. A pesar de parecer a primera vista

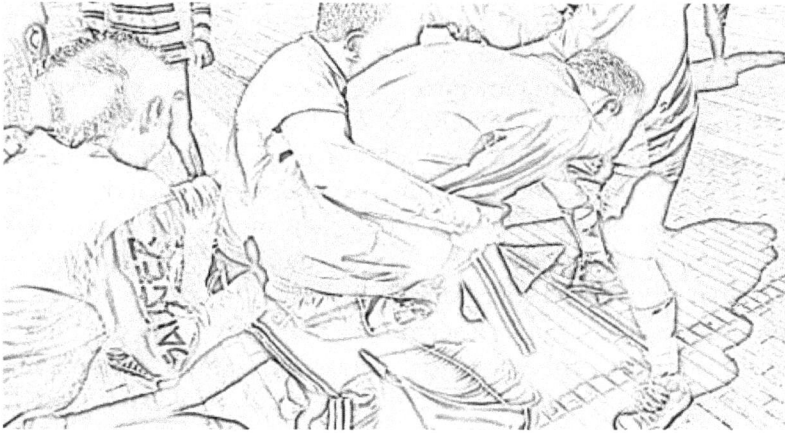

como un deporte rudo y lleno de testosterona, el Crashball invita al juego cooperativo, competitivo y reglamentado, que imprime un espíritu de trabajo en equipo en aquellos que lo practican.

Así, el éxito de la implementación de este deporte como herramienta pedagógica debe partir del enfoque pedagógico PBL (*Problem Based Learning*), [2]el cual presenta un soporte teórico que al ser puesto en práctica garantiza resultados interesantes.

Veamos los principios básicos del PBL:

---

[2] *Recomendamos consultar los trabajos de la doctora Cindy Hmelo-Silver de la Universidad Rutgers, EEUU. http://gse.rutgers.edu/cindy_hmelo-silver*

Consiste en que un grupo de estudiantes de manera autónoma, aunque guiados por el profesor, deben encontrar la respuesta a una pregunta o solución a un problema de forma que al conseguir resolverlo correctamente suponga que los estudiantes tuvieron que buscar, entender e integrar y aplicar los conceptos básicos del contenido del problema así como los relacionados. Los estudiantes, de este modo, consiguen elaborar un diagnóstico de las necesidades de aprendizaje, construir el conocimiento de la materia y trabajar cooperativamente. (SEINZMAN & COLBERT, 2009)

Si aplicamos ésta definición obtenemos un enfoque que se orienta a la obtención de resultados, los cuales encierran en sí mismos la evidencia de un proceso adelantado sin caer en las típicas justificaciones teóricas que de una u otra manera resultan ser sólo retórica para desarrollar proyectos o adelantar gestión de aula. Aquí, buscamos dar un marco que permita la apropiación y aplicación del Crashball como herramienta pedagógica que edifique seres humanos competentes y activos en la sociedad.

ENFOQUE PEDAGOGICO P.B.L

Particularmente en los procesos de enseñanza – aprendizaje de la educación física, a veces prevalece un espíritu totalitario del docente que no está realmente preparado para dar una sesión con sus pupilos. Por el contrario, el docente ávido de innovación y aplicación de herramientas pedagógicas que generan resultados, tiene en cuenta la valoración psicológica, corporal y anímica de éstos.

No podemos hablar de P.B.L sin antes mencionar a Bertrand Russell: *"Ningún hombre puede ser un buen maestro a menos que tenga sentimientos de cálido afecto hacia sus alumnos y un legítimo deseo de*

inculcarles lo que cree de valor. Esta no es la actitud del propagandista" (Secretaría de Educación Distrital (2010)*Ensayos Educativos: lecturas pedagógicas;* Alcaldía Mayor de Bogotá D.C. p. 75)
Debemos partir del concepto de docente, el cual se convierte en un orientador, al serlo, su primer paso es diagnosticar las fortalezas y debilidades del grupo de educandos. Recordemos que al convertir el Crashball en una herramienta pedagógica es preciso adaptar el PBL como enfoque funcional y no como un soporte teórico más que sirve de arguemtno sin trascendencia.
El diagnóstico que hace el entrenador – docente debe partir de las corrientes de la educación física como asignatura:

- ❖ *Formación vs indisposición*
- ❖ *Prevención vs Ansiedad / Hiperactividad*
- ❖ *Lúdica vs Desorden*
- ❖ *Entrenamiento vs Pereza / Voluntad*
- ❖ *Ritmo y armonía vs motricidad restringida*

Si vemos al educando como unidad, es preciso establecer cinco problemas que lleven a plantear el potencial de aprendizaje de éste, el cual lo llevará a su vez a obtener una práctica deportiva exitosa de Crashball. Los cinco problemas son:

1. ¿Qué tan agresivo soy?
2. ¿Qué tan enérgico soy?
3. ¿Qué tanto sigo las reglas?
4. ¿Qué tan activo soy?
5. ¿Cómo me adapto a las exigencias de un juego?

Cuando se han planteado éstos problemas se procede a desarrollar cinco actividades correspondientes a cada uno de los problemas mencionados anteriormente para obtener un diagnóstico viable que permita formar a los educandos:

1. *Ejercicio de la cadena:*

Se disponen varios equipos entre 5 y 9 integrantes. Se elige un "tesoro", el cual deben proteger todo el tiempo. Se disponen una serie de sillas, las cuales el equipo deberá ir colocando en hilera a medida que van avanzando al otro lado. Cuando se llegue allí, se debe reiniciar el ejercicio dos veces más. Las condiciones son: nadie puede hacer cualquier tipo de ruido durante la ejecución, ya que se penaliza con el reinicio del ejercicio desde el comienzo, igualmente hay un tiempo límite que dependerá de las instrucciones del entrenador.

Este ejercicio permite analizar nociones de ansiedad que son la causa de la agresividad. Recordemos que parte de ser agresivo es ser bromista de tiempo completo o un afanado incorregible.

2. *Ejercicio de la soga:*

Se disponen equipos de siete personas, las cuales deberán competir mediante el uso de la fuerza para mantenerse en pie tirando de una soga gruesa. Gana aquel equipo que no sólo se mantuvo en pie sino que haya atraído la mayor longitud de cuerda hacia su área delimitada.

Este ejercicio sirve para identificar la disposición de energía de los educandos para realizar tareas asignadas.

3. *Ejercicio de la Isla imaginaria:*

Se ubica una persona en un área central con un límite definido del cual no se puede salir pr voluntad propia. Los demás educandos deben seguir una serie de reglas para llegar hasta la isla y llevarse el "trofeo" (que es la persona ubicada en la isla) a su lugar.

Cuando se ejecuta este ejercicio salen a relucir las virtudes asociadas con la honestidad.

    4. *Ejercicio de Match libre*:

Es un ejercicio por equipos, donde cada participante debe superar pruebas en escenarios diferentes tales como: una pista jabonosa, una carrera con pesos en los pies y una pista de evasión de pimpones o pelotas ligeras. Este ejercicio permite evidenciar el espíritu de competencia, la tolerancia y el seguimiento de pautas que afectan a un grupo.

    5. *Ejercicio de Juego controlado*:

Hay varios tipos de juego controlado para realizar éste diagnóstico en Crashball:

- ✓ Pelota evasiva: donde dos equipos compiten por evadir la mayor cantidad de pelotas posible.
- ✓ *"Irish Bull"*: donde un jugador debe proteger una pelota oval y anotar, no sin antes evadir los taclajes de los adversarios.
- ✓ *"Stolen Ball"*: donde tres jugadores se deben defender de 12 o más adversarios, tratando de atrapar una pelota y traerla hacia su área de salida.

Estos ejercicios son muy buenos indicadores de evaluación cuando hablamos de respeto, tolerancia y lealtad en el campo de juego, ya que se puede identificar a aquellos sujetos perezosos, hiperactivos, líderes o sumisos, lo cual es vital para orientar el proceso de aprendizaje de valores, porque allí está presente la naturaleza humana en todo su cenit.

TRAINING P.B.L EN CRASHBALL

Realizado el proceso de diagnóstico se puede establecer las necesidades que hay en el grupo de educandos, las cuales podrían ser: deshonestidad, irrespeto, intolerancia, indisposición a la norma y agresividad.

De ésta manera se inicia el training crashball program, el cual se orienta de la siguiente manera:

A TRAINING (*5 sesiones x 4 horas*)

- ✓ acondicionamiento físico (resistencia)
- ✓ acondicionamiento muscular (fuerza)
- ✓ acondicionamiento físico (resistencia muscular)

B TRAINING (*4 sesiones x 4 horas*)

- ✓ Crashball básico (técnica de juego)

C TRAINING (*4 sesiones x 4 horas*)

- ✓ Crashball (técnica de entrenamiento)
- ✓ Reglamento de Crashball
- ✓ Entrenamiento en juego

Cuando el grupo de educandos han pasado de la A a la C, adquieren conciencia del cuidado del cuerpo, son solidarios y respetuosos del otro y se crean hábitos kinésicos muy importantes orientados a la formación deportiva de alta competencia.

En ésta etapa es importante aplicar muy bien la descripción del juego mostrada en el capítulo I de éste libro.

RETROALIMENTACIÓN

Después del proceso del training es muy importante organizar eventos de competencia entre equipos para consolidar lazos y fomentar la aplicación de táctica, técnica y trabajo cooperativo, así se puede hacer trabajo de retroalimentación conducente al refuerzo de valores e identidad deportiva.

Esquema n° 4: Modelo de Entrenamiento para Crashball de acuerdo el enfoque de Problems Based Learning P.B.L

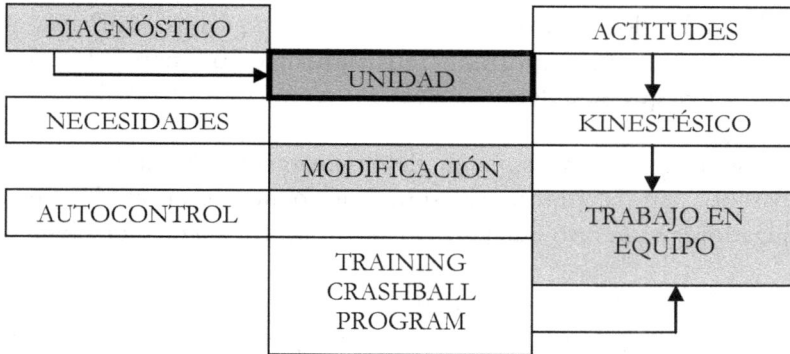

DIAGNÓSTICO		ACTITUDES
	UNIDAD	
NECESIDADES		KINESTÉSICO
	MODIFICACIÓN	
AUTOCONTROL		TRABAJO EN EQUIPO
	TRAINING CRASHBALL PROGRAM	

Los eventos de competencia son un mecanismo muy importante para facilitar la interacción entre sujetos que practican un deporte. Las competencias construyen poco a poco una identidad del juego y transmiten energía a los espectadores que retroalimentan muy bien la autoestima y la sensación de felicidad en los jugadores.

El entrenamiento sin competencia no es más que una frustración, cada jugador requiere fomentar en sí mismo el espíritu de líder, ser reconocido y valorado por sus aportes en el campo de juego, hacer parte de su propia historia. Cada evento trae experiencias que pasarán a otras generaciones, allí radica su verdadera importancia.

ORGANIZACIÓN DE CAMPEONATOS ESCOLARES

Pasando los procesos del training sugerido anteriormente, es el momento de organizar campeonatos escolares internos como estrategia de vinculación y fomento del espíritu competitivo en los educandos que se han entrenado en el programa. Es probable que los índices de agresividad hayan disminuido para esta etapa, ya que si fuimos claros al momento de iniciar el programa enfatizando en los valores tales como el respeto y la tolerancia, los eventos que se realicen serán exitosos y permitirán una enorme retroalimentación para futuros jugadores que se quieran vincular a un club de Crashball.

Presentaremos un esquema de organización de campeonato, basados en la hipotética suma de ocho equipos de siete jugadores cada uno que participan por un trofeo de Crashball.

PROGRAMA DEL CAMPEONATO
1. Inauguración (Espectáculo de porristas, exhibición de equipos, himnos y partido amistoso de exhibición)
2. 12 partidos desde la fase I a la III
3. evento de cierre y premiación (toda la comunidad escolar)

FASE I
Se organizan los equipos en grupos de clasificación así:

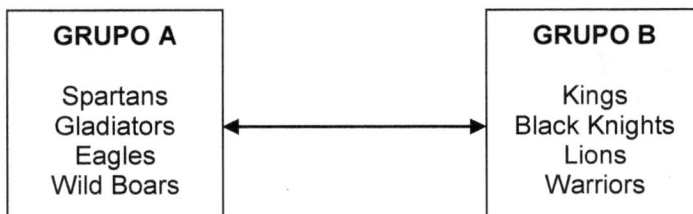

GRUPO A	GRUPO B
Spartans	Kings
Gladiators	Black Knights
Eagles	Lions
Wild Boars	Warriors

Los equipos de cada grupo se enfrentan, quedando cuatro equipos en pie de competencia del total planillado. Vamos a suponer que el resultado de la primera fase haya quedado así:

SPARTANS – BLACK KNIGHTS – EAGLES – WARRIORS
FASE II

Los cuatro equipos eliminados de los grupos anteriores pasan a conformar un grupo paralelo, y los vencedores pasan a competir por el primer lugar así:

CLASIFICACIÓN MENOR	CLASIFICACIÓN MAYOR
Kings	Spartans
Gladiators	Black Knights
Lions	Eagles
Wild Boars	Warriors

Los equipos de clasificación mayor competirán entre sí, quedando dos lugares para una final. Supongamos que de la franca lid hayan quedado SPARTANS y WARRIORS; a su vez del grupo de clasificación menor haya quedado la contienda así: GLADIATORS y LIONS.

FASE III

En ésta fase, el campeonato escolar se encuentra así:
Equipos que compiten por la final (1° y 2° lugar): *Spartans y Warriors*
Equipos que compiten por 3° y 4° lugar: *Black Knights e Eagles*
Equipos que compiten por 5° y 6° lugar: *Gladiators y Lions*

Equipos que compiten por 7° y 8° lugar: *Kings y Wild Boars*
La organización de partidos se realizaría en orden ascendente, es decir se programa el partido del 7° - 8° lugar, luego el de 6°- 5° lugar, posteriormente 3° - 4° lugar y se cierra con broche de oro con el gran partido de campeones. Ahora bien, vamos a suponer que los resultados del campeonato hayan quedado de la siguiente manera:

EQUIPO	CLASIFICACIÓN
SPARTANS	Campeón
WARRIORS	Subcampeón
EAGLES	3er lugar
BLACK KNIGHTS	4° lugar
GLADIATORS	5° lugar
LIONS	6° lugar
WILD BOARS	7° lugar
KINGS	8° lugar

Al momento de la premiación se entrega un trofeo y medallas al equipo campeón; medallas al equipo subcampeón y certificados de participación a los demás. El objetivo es no desaminar a los jugadores y reconocer su valioso trabajo en el campo, igualmente es importante facilitar espacios para retroalimentar el campeonato desde tres perspectivas:

1. Nivel táctico
2. Nivel técnico
3. Trabajo en equipo

En este espacio se debe hacer énfasis en el trabajo kinestésico desde la óptica de la formación, la prevención y el entrenamiento como mecanismo de concientización de la imprtancia del cuidado del cuerpo y la alimentación; igualmente hay que hacer énfasis en el crecimiento personal, haciendo un recuento desde el Training A hasta la final del campeonato, resaltando las actitudes agresivas que puedieron haberse presentado y la nueva perspectiva después del entrenamiento de Crashball.

1. Nivel táctico: como todo deporte, el Crashball exige un trabajo táctico de los jugadores, ya que en muchas ocasiones los partidos se pierden por falta de éste elemento estratégico. Se requiere enfatizar en el liderazgo de los *stones* como contenedores del ataque adversario, la habilidad de los *hunters* para realizar pases acertados que significan anotaciones limpias y hermosas en el campo contrario al igual que la constante supervisión del backhunter de su área para evitar las anotaciones adversarias.

2. Nivel técnico: el seguimiento de las reglas del juego adquieren una vital importancia en ésta retroalimentación, ya que incidentes de agresión significan expulsión o bien, la falta de cooperación de los jugadores para circular el balón oval de manera tal que haya armonía, ritmo y cadencia en la dinámica de taclajes, pases y anotaciones. Todos necesitan de todos y por ende el reconocimiento de los compañeros es muy importante para facilitar el verdadero trabajo en equipo dentro de un marco reglamentario óptimo.

3. Trabajo en equipo: es el punto de quiebre del Crashball, sin él no es posible como tal el juego, por ende se requiere generar conciencia de la cooperación y el trabajo mancomunado para la búsqueda de objetivos comunes claros, que no sean el capricho de un líder totalitario dentro del equipo. Es la diferencia entre ascender o caer como grupo.

CONCLUSIÓN

El Crashball como deporte es una alternativa de recreación y formación física interesante que permite la apropiación del espacio de interacción y propicia bastante el trabajo en equipo. Pero como tal, solo como deporte, no genera una influencia en quienes lo practican si le restamos los elementos pedagógicos. Cuando el deporte es usado como herramienta adquiere dimensiones enormes en las instituciones educativas respondiendo a necesidades comunes provenientes de las relaciones intra e interpersonales en el aula y fuera de ella.

Actualmente la escuela se ha convertido en un escenario de interacción muy rico que permite enlazar símbolos, lenguajes y estructuras colectivas que se vuelven importantes para cada uno de los individuos que participan de tales escenarios. Igualmente hay una creciente mediatización que como invasor de la escuela resignifica la intención y características de ésta, quedando el docente un tanto aislado y falto de herramientas para enfrentar dicha resignificación que puede ser incluso errada. Muchos incluso se sienten en un fuera de lugar cotidiano que les impide evaluar los códigos que usan los jóvenes y niños y retroalimentar éste matiz cultural de los mass media. Ante lo anterior, las herramientas pedagógicas responden a la cotidianidad de la escuela, pero para que sean efectivas es preciso que haya una identificación de las verdaderas necesidades de la población escolar para dirigir todas las estrategias posibles, obteniendo resultados verificables que pueden ser registrados y sucesivamente retroalimentados para generar esquemas de eficacia pertinente en un futuro cercano.

Por estas razones, el Crashball al ser usado como estrategia pedagógica debe estar inmerso en un contexto sociocultural, debe encuadrarse en una noción de juego e incluso una posterior conceptualización para dar sentido a su acción en el escenario escolar, igualmente debe responder a unas necesidades previamente identificadas, las cuales como se expuso en el capítulo, están enmarcadas en lo axiológico y particularmente en el autocontrol y el trabajo en equipo. Así, vemos que la identificación de las necesidades para usar este deporte en la escuela resultan ser muy comunes a muchas instituciones educativas del país y quizá de Latinoamérica, por lo tanto se considera que si se llevan a cabo los pasos sugeridos en el capítulo, es posible que haya éxito en la superación de las necesidades identificadas.

Teniendo en cuenta lo anterior, podemos afirmar que si intentamos adaptar el Crashball como herramienta pedagógica, debemos hacer un ejercicio de identificación, apropiación y verificación de resultados, ya que los contextos suelen variar por la presencia de factores de tipo social, cultural y económico, sin embargo hay una generalidad en cuanto las necesidades que tienen los educandos de hoy en día, inmersos en un ambiente competitivo, mediatizado y en constante cambio – sin sonar a cliché -, lo cual determina la construcción de su mundo, sus expectativas e incluso sus confusiones.
Así pues, el Crashball se convierte en una herramienta pedagógica ideal para formar en valores y construir los conceptos de trabajo en equipo y autocontrol, tan necesarios en la sociedad de la información.

CAPÍTULO IV
El Crashball vs Agresividad escolar

La agresión se ha definido como una conducta cuya finalidad es causar daño a un objeto o persona. La conducta agresiva en el ser humano puede interpretarse como manifestación de un instinto o pulsión de destrucción, como reacción que aparece ante cualquier tipo de frustración o como respuesta aprendida ante situaciones determinadas.(Perry, D., Kusel, S. & Perry, L. (1988))

En sus primeros estudios sobre la agresión, el neurólogo austriaco Sigmund Freud postuló que la agresión era una *"reacción primordial"* del ser humano ante su imposibilidad de buscar el placer o evitar el dolor. Más adelante, sin embargo, sus investigaciones le llevaron a la conclusión de que en todo individuo existe un instinto innato de destrucción y de muerte. Para otros psicólogos, la conducta agresiva se encuentra vinculada a la frustración. El psicoterapeuta estadounidense John Dollard desarrolló la hipótesis de que la intensidad de la agresión es inversamente proporcional a la intensidad de la frustración. Para Dollard, la frustración es una *"interferencia que impide llevar a cabo una respuesta de acercamiento al objetivo en un determinado momento"*. Esta teoría, muy controvertida en su época, ha pasado hoy a ser menos rotunda. Al parecer, la frustración origina un estado emocional que *"predispone"* a actuar de forma agresiva, pero sólo en determinadas condiciones y en personas propensas. Para esto último, el aprendizaje juega un papel fundamental en la conducta agresiva. Seres humanos y animales pueden aprender a evitar reaccionar de forma agresiva ante situaciones que originan una respuesta hostil, y pueden, de forma paralela, actuar de manera agresiva frente a situaciones que no provocan violencia.

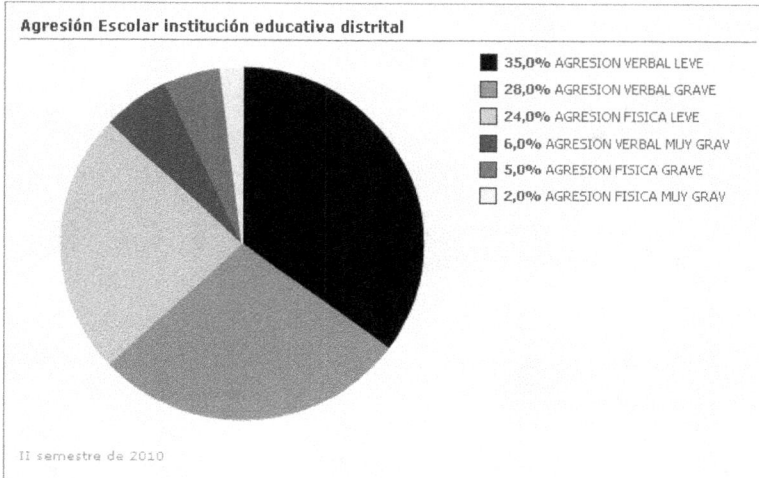

Agresión Escolar institución educativa distrital

- 35,0% AGRESION VERBAL LEVE
- 28,0% AGRESION VERBAL GRAVE
- 24,0% AGRESION FISICA LEVE
- 6,0% AGRESION VERBAL MUY GRAV
- 5,0% AGRESION FISICA GRAVE
- 2,0% AGRESION FISICA MUY GRAV

II semestre de 2010

Si observamos, la agresión escolar tiene una serie de factores entre los que se destacan los causales y los interdependientes; los primeros son: frustración, autoestima y poder, los segundos son: violencia, emoción y status. Esta dinámica genera casos de convivencia escolar que inundan las oficinas de Coordinación de muchas instituciones educativas no solo en Colombia sino en la región andina, causando en muchas ocasiones una percepción de inseguridad, caos y falta de autoridad. Para analizar éste fenómeno, comencemos exponiendo éste gráfico proveniente de datos obtenidos de una institución educativa distrital en Bogotá D.C. Como se ve, es claro que la agresión verbal en su conjunto representa el *69%* de los casos de dicha institución y cada uno en su particularidad encierra factores comunes asociados con los causales mencionados anteriormente. De todo este conjunto de situaciones predomina el deseo de poder y la autoestima. Si miramos el número de estudiantes que fueron víctimas de agresión tenemos la siguiente tendencia:

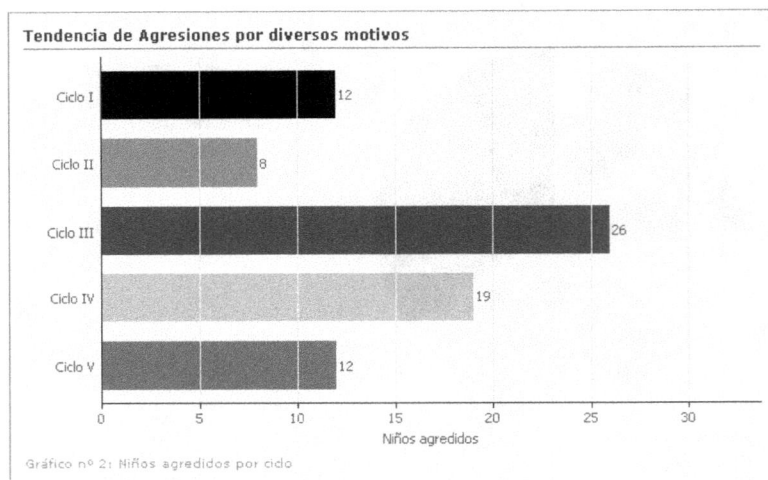

Tendencia de Agresiones por diversos motivos

Ciclo	Niños agredidos
Ciclo I	12
Ciclo II	8
Ciclo III	26
Ciclo IV	19
Ciclo V	12

Niños agredidos

Gráfico nº 2: Niños agredidos por ciclo

predomina las acciones de agresión en los ciclos III y IV (grados 5° a 9°) con edades comprendidas entre los diez y dieciséis años, abarcando una población muy heterogénea que tiende a concentrarse en subgrupos típicos escolares. Igualmente cabe destacar que no se puede diferenciar los casos donde actuaron niños o niñas, ya que hay cierta uniformidad en la tendencia.

Ahora bien, si nos detenemos un poco a analizar el gráfico de agresión proveniente de una institución privada con relativo prestigio encontramos que igualmente hay una concentración de la agresión verbal con un *86%*, lo cual nos plantea la misma inquietud: *¿Por qué se agrede tanto la población escolar?*, y para responder a la pregunta surgen diversas respuestas que los docentes ya conocen a través de seminarios y conferencias de

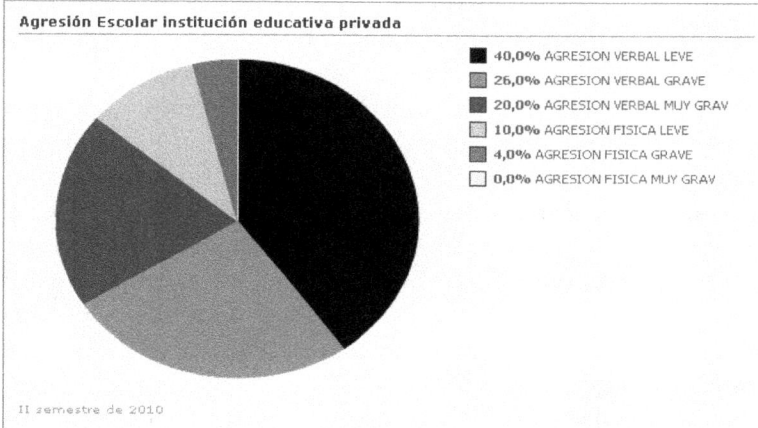

Agresión Escolar institución educativa privada

- **40,0%** AGRESION VERBAL LEVE
- **26,0%** AGRESION VERBAL GRAVE
- **20,0%** AGRESION VERBAL MUY GRAV
- **10,0%** AGRESION FISICA LEVE
- **4,0%** AGRESION FISICA GRAVE
- **0,0%** AGRESION FISICA MUY GRAV

II semestre de 2010

diversos expertos en el tema, lo cual a su vez nos deja con un vacío e impotencia para comprender el fenómeno, sin embargo, es importante caracterizarlo para abordarlo y tratar de adoptar el Crashball como una respuesta que funciona en el ambiente escolar para generar modificación de conductas agresivas de tal población escolar.

Así pues, tenemos que hay tres factores causales: *frustración, autoestima y poder* y tres interdependientes: *violencia, emoción y status.* Todos ellos funcionan de la siguiente manera:

Esquema nº 5: Agresión escolar – modelo de interpretación

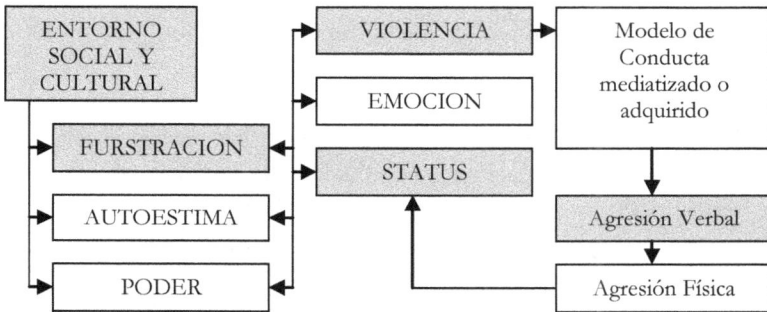

El entorno social y cultural cumple una función de catalizador de los comportamientos que responden a códigos universalmente aceptados por las sociedades para resolver o generar conflictos, así, se construyen imaginarios colectivos que afectan al individuo de todas las maneras posibles. De ésa interacción entre sociedad e individuo surgen tres componentes que en sí mismos concentran mucho poder y retransmiten códigos que afectan las emociones y las maneras de ver el mundo particular: la primera de ellas, la frustración aparece a temprana edad, cuando se nos imponen pequeños retos o cuando se trata de imitar un modelo preestablecido de comportamiento. Quizá todos somos frustrados y registramos en nuestro arsenal emocional *misiles* a punto de detonar, los cuales son neutralizados por el manejo que le damos a las emociones en sí mismas. La frustración es un factor causal de agresión porque afecta dos necesidades culturales: el reconocimiento de otros y la percepción de capacidad socialmente aceptada, así un acto tan aparentemente simple como montar por primera vez bicicleta ante los amigos y conocidos resulte motivante cuando logramos conducir con destreza pero catastrófico cuando la torpeza de movimientos nos invade y nos convertimos en el centro de la mofa. La consecuencia de una situación cotidiana como ésta resulta en una riña que busca venganza y reposición por parte del afectado, causando dolor o impacto en aquellos que fueron nuestros verdugos.

Por ésta razón, se considera a la frustración como el motor de la agresión, engranando a su vez a los otros dos factores causales: la autoestima y el poder, los cuales representan la esencia de la *catalización* social y cultural de la cual hacemos parte en mayor o menor medida. No podemos escapar de ellas, porque sería la negación de nuestra identidad como individuos que como tales requerimos hacer parte de la sociedad, nadie es tan solitario como para negar la sociedad y nadie es tan individuo para negar su soledad.

En el contexto escolar, el proceso de catalización descrito se manifiesta en las formas de violencia, que no son otra cosa que herramientas para enfrentar los factores causales de la agresión. En este aparte, los análisis del Doctor Jorge Baeza Correa, investigador del CEJU[3] de la Universidad Católica Silva Henríquez de Chile, nos permiten comprender los sentidos de la violencia escolar, según él hay seis: *la violencia como obtención de valor, status o respeto; la violencia como defensa de uno mismo, de otros o de un territorio; la violencia como modo de resolver conflictos; la violencia como catarsis; la violencia como reivindicaciones sociales y la violencia para entretenerse.*[4] De acuerdo a lo anterior, nos podemos contextualizar en muchas instituciones educativas que tienen éste fenómeno de agresión escolar más vigente que nunca. Para ello veamos el siguiente esquema descriptivo de las ideas expuestas por el Dr. Baeza Correa (2001):

Esquema n°6: Sentidos de la violencia escolar

---

[3] Centro de Estudios en Juventud

[4] Tomado de Revista Internacional Magisterio Nº 53 de Diciembre 2011; pp 30,31,32

En lo expuesto en el gráfico, es claro que predominan los tres primeros sentidos, ya que están directamente relacionados con el poder, la autoimagen y la necesidad de *"pacificar"* como medio de resolución de conflictos, así mismo hay una directa relación entre modelos mediatizados y comportamientos colectivos en función de la violencia como alternativa cotidiana para ser y existir en un escenario escolar. En la escuela la violencia se comprende desde la complejidad de la interpretación psicológica, pero es preciso también verla desde la complejidad de la existencia misma de sus actores y víctimas.

Algunos, quizá muchos docentes y directivos recurren al modelo totalitario de interpretación de los conflictos sin saberlo, es decir, dan respuestas tales como: *"para resolver el problema de convivencia hace falta mano dura"* o *"se requieren castigos más ejemplares para controlar ésta juventud descarriada"*; y la interpretación que podemos dar es que las respuestas son y no son correctas, ya que es necesario establecer las relaciones de orden y normatividad y aplicación o gestión de la convivencia escolar como un engranaje de intercambio de energía y poder bien usado. Si nos inclinamos por soluciones coyunturales, los castigos ejemplares generarían un apaciguamiento temporal a las conductas agresivas abiertas, pero prevalecerían las conductas agresivas cerradas o sutiles que son más dañinas; si nos inclinamos por soluciones estructurales, la organización escolar debería girar entorno al uso de la energía y el potencial de la población escolar en función de la ocupación del cuerpo y la mente en actividades deportivas *canalizadoras* de la frustración, la baja autoestima y la necesidad de obtener poder, así la coordinación de convivencia actuaría de acuerdo a una política preventiva y no correctiva, prevaleciendo la percepción de control y aplicación asertiva de la comunicación entre docentes y educandos y viceversa.

El Crashball se presenta en éste punto como la alternativa de canalización de la agresión escolar, ya que incorpora dos procesos fundamentales en la formación integral de un ser humano: el autocontrol y el liderazgo asertivo. En muchas ocasiones, se escucha hablar sobre el liderazgo y su importancia en la educación, pero en la práctica los líderes no son una mayoría, *¿acaso hay que aumentar su número desde la escuela?*, la respuesta es no si tenemos en nuestras mentes el concepto de jefe, y sí, si tenemos en nuestras mentes el concepto de gestor autónomo; hay una enorme diferencia entre los dos conceptos. El primero se ajusta en el contexto donde predomina personal con muy baja autoestima y que requieren a alguien que les diga qué hacer y cómo hacerlo, el segundo predomina en un contexto donde cada cual sabe qué tiene qué hacer y contribuye a resultados de beneficio común con su trabajo. En la naturaleza humana hay dos caras de una misma moneda: la seguridad de un líder y la sumisión de un escucha, el equilibrio entre las dos garantiza continuidad a nuestras ideas y proyectos, satisfacción personal y capacidad de asumir responsabilidades.

El gran problema en la escuela se encuentra en la falta de canales para enaltecer el carácter de los individuos, apoyamos cada vez más la frustración y garantizamos canales de violencia porque no estamos ocupando las mentes y los cuerpos de nuestros pupilos, la rutina académica no es suficiente, porque el modelo mediatizado dice que aquellos que se dediquen a leer, escribir o resolver ecuaciones son "*raros*", es preferible ser estúpido y actuar como un *zombie* ante la vida, a sabiendas que es un camino que conduce a las drogas, el alcoholismo, la promiscuidad y degeneramiento sexual; la educación física no se presenta como una grandiosa oportunidad de formarse, prevenir enfermedades, recrearse y mejorar nuestro potencial mental para controlar nuestro cuerpo y sentirnos felices, de igual manera los deportes convencionales no captan la mayoría de los estudiantes que requieren ser encaminados hacia el conocimiento de sí mismo y lo que puede lograr.

El Crashball, en medio de su rudeza, trabajo táctico y competencia fuerte ofrece ésas herramientas para los estudiantes que presentan mucha agresividad en el aula y más allá de ella, porque su mente se canaliza hacia el alcance de objetivos, su cuerpo se llena de adrenalina ante los adversarios, el espíritu se realza buscando retos y poniendo a prueba su percepción del mundo.

Ahora bien, en este orden de ideas veamos el contexto sociocultural de la violencia, que en el caso particular de Colombia tiene unas características propias que se relacionan con eventos históricos cuyos matices han dejado huella en el imaginario colectivo de sus habitantes.

El imaginario colectivo de la Violencia en Colombia

Un estudiante colombiano de intercambio que se encontraba en Suecia vivió una experiencia que nos hace reflexionar sobre los imaginarios de la violencia en el país y su percepción en el mundo. Él se encontraba a punto de salir de la biblioteca y se dirigía hacia al aparcadero de bicicletas, cuando observó que un joven típico sueco estaba tratando de sacar su bicicleta, a lo cual acto seguido corrió hacia allí y se abalanzó hacia su vehículo de dos ruedas impidiendo que el joven la sacara; la reacción de éste fue separarse un poco y luego con un rostro sonrojado le pidió disculpas al colombiano en idioma inglés, pero en lugar de aceptarlas comenzó a discutir y se preparó para dar unos buenos golpes al nórdico, argumentando que era mentira y lo único que buscaba era robarle. En medio de los gritos de ira el sueco logró identificar que ése hombrecito era de Colombia, a lo cual echó a correr espantado. Días después el colombiano notó que el joven que se equivocó de bicicleta estaba en la misma aula de clases y se acercó para ofrecer disculpas ya que cayó en cuenta que realmente el tipo le dijo la verdad, pero apenas estaba llegando, él salió a correr tropezando con los demás. Por otras personas se enteró de que muchos suecos creían que en Colombia todos sus habitantes andaban armados y solucionaban los problemas con la muerte sin preguntar, ya que según ellos el lema del colombiano era: *"mata primero y pregunta después"*.

Quizá a muchos colombianos les haya pasado situaciones similares en otros países debido al imaginario de violencia que se ha creado en torno al país, asociado siempre a casos de narcotráfico, guerrilla y paramilitarismo.

Sin embargo, el imaginario de violencia dentro el país también es persistente, ya que ha sido transmitido de una generación a otra, especialmente en el último cuarto de siglo. Los períodos sucesivos de violencia en Colombia que se han venido dando desde la Guerra de los Mil días (1899 – 1903), han contribuido a formar imaginarios colectivos que guardan un común denominador: *la violencia como mecanismo de resolver conflictos*, algo así como una respuesta social y cultural ante las adversidades, las diferencias de opinión y los criterios personales. En estos períodos sucesivos de violencia, destaca el denominado como la *"época de la violencia bipartidista"* que comenzó con el asesinato público de Jorge Eliécer Gaitán (*9 de abril de 1948*) y finalizó con una dictadura militar encabezada por el General Gustavo Rojas Pinilla entre 1953 a 1957. En éste momento histórico se catalizaron las actuales generaciones de colombianos, ya que los abuelos fueron protagonistas o víctimas del conflicto entre liberales y conservadores en las áreas rurales, sus hijos eran niños que cumplían una función de testigos impotentes o activos de ése conflicto y los hijos de éstos niños aparecieron en áreas urbanas con un legado de comportamientos violentos que transmitían frustraciones o deseos de poder. Así, surge una característica común de muchos colombianos: *la falta de tolerancia*, la cual se hereda y se transmite con diversos matices; esto hace parte de la identidad cultural asociada al *parroquialismo* que viene desde tiempos de la Colonia española del siglo XVIII. Es un universo pequeño donde tienen cabida los miembros de la familia, sus valores particulares y sus gustos propios, todo lo demás es extraño, es temido y poco confiable; tan sólo veamos cómo ha sido difícil la asimilación de costumbres, expresiones o formas de ver el mundo de grupos étnicos provenientes de otras latitudes, no hay una visión cosmopolita del mundo, como la que tienen los argentinos, los uruguayos, los brasileños o los canadienses.

Ese período catalizador del imaginario colectivo de violencia de los colombianos se nutrió aún más con la llegada del fenómeno del narcotráfico a partir de 1962; primero en la costa norte con la denominada *"racha marimbera"*, luego con la conformación de carteles de la cocaína y la heroína en ciudades tales como Medellín, Cali y Roldanillo cuyos líderes marcaron una huella que ha sido muy difícil borrar de las mentes colombianas, personajes como Pablo Escobar Gaviria y sus ejércitos de sicarios que crearon un estilo de vida conocido hoy en día como *"ñero"*, los Hermanos Orejuela y sus redes de influencia, etc. En la actualidad los enfrentamientos entre paramilitares y guerrilleros por el control de amplias zonas de narcotráfico siguen nutriendo más y más los estereotipos y las formas de ver el mundo a partir de la violencia como respuesta a todos los problemas. Con el crecimiento urbano de los últimos veinte años, especialmente en Bogotá y Medellín, las formas de violencia han adquirido matices particulares dependiendo el factor que las provoque: *pandillas, redes de microtráfico, redes de prostitución infantil, parches de esquina o barras bravas.*

Veamos pues, éstos matices de violencia que afectan el entorno escolar en las grandes ciudades colombianas.

Pandillas

La célula básica que da origen a una pandilla se encuentra en el denominado parche. Su área de influencia es la esquina y el parque, donde se hace gala del status y el poder sobre los demás jóvenes. Estos grupos se nutren cada vez más de los estudiantes que desertan de las escuelas o de aquellos marginados con una muy baja autoestima. Hay una condición psicológica representativa aquí: la obtención de *respeto* y *status* frente a una comunidad localizada en una calle, un barrio o cercana a un parque. Con ésta condición, el grupo de individuos son guiados por un líder que ostenta la imagen de duro y peligroso. Se podría decir que hay una jerarquía muy similar a la que tienen los grupos de perros callejeros.

Redes de microtráfico

La caída de los grandes carteles de drogas, la creciente presencia y control en los puntos de salida del país por las autoridades y la intersección de rutas de tráfico ha generado un fenómeno de microtráfico de drogas que hace presencia cada vez más fuerte en las escuelas a través de redes conformadas por núcleos familiares, pandillas e individuos camuflados como estudiantes, quienes se encargan de distribuir marihuana, basuco, pepas, éxtasis y un gran número de sustancias alucinógenas entre la población escolar de diferentes estratos, siendo más visible en colegios públicos y privados de clase media y baja.

Redes de prostitución infantil

Son administradas por personas independientes o vinculadas a organizaciones criminales de mediano alcance. La demanda de pornografía infantil en el mundo entero, especialmente en Europa ha generado estas redes que absorben a niñas y niños por igual entre los diez y quince años para ser filmados, tener relaciones sexuales con adultos y satisfacer gustos obscenos de personas desequilibradas. Generalmente operan a través del engaño sucesivo, donde poco a poco van incorporando a niñas o niños desesperados por obtener dinero rápido, pero también hay una tendencia creciente a la autoprostitución, donde cada individuo se ofrece

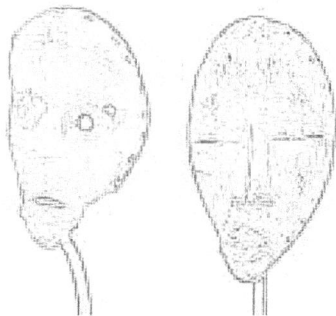

en las redes sociales virtuales, obteniendo ingresos ocasionales o permanentes. Esto último obedece a la mediatización de los roles de la sexualidad que a través del bombardeo de música obscena, programas de televisión que son apología de la promiscuidad y la cada vez más tenue línea entre moralidad y acción individual que genera comportamientos conducentes a un pésimo manejo de la sexualidad unida a una precocidad alarmante.

Parches de esquina

Son las células embrionarias de futuras pandillas. Sin embargo en ésta etapa inicial son una respuesta colectiva juvenil para organizar actividades comunes que buscan diversión, entretenimiento y cohesión de gustos. Generalmente hay un líder activo y líderes pasivos quienes generan los códigos de conducta, el vocabulario y el tipo de lenguaje a usarse. Los denominados parches no tienden a estar conformados por personas de ambos sexos, es evidente la preferencia por ser de un solo sexo (*masculino o femenino*), siendo predominante el primero que el segundo.

Barras bravas

Están conformadas desde organizaciones enormes hasta grupos aislados que muestran un gusto o devoción por un equipo de fútbol particular. Este deporte al ser tan mediatizado y alimentado por la publicidad y la promoción de eventos ha generado un fenómeno juvenil de violencia que no es otra cosa que una excusa para que un individuo se identifique y cohesione con un grupo con códigos de conducta particular. En las escuelas adquiere una connotación tribal donde hay códigos, lenguajes, vestuario y símbolos que son objeto de devoción y pasión. Se podría decir que a mayor frustración, mayor será la pasión que un individuo pueda sentir por un equipo de fútbol. Si analizamos el lenguaje usado en los mensajes publicados de las redes sociales entre estudiantes hay relatos como el siguiente: *"no sea piltrafa...nosotros les ganamos hace dos días y ustedes son unos llorones que no pueden con los verdaderos campeones... a llorar en su camisetica de m..."* si nos fijamos en el tipo de pronombre que se usa, predomina la primera persona del plural, hay enajenación total de la apreciación de un triunfo, es como si el hincha hubiese jugado el partido como las estrellas de tal o cual equipo.

Es lamentable que un deporte sea un vehículo para la violencia escolar y genere grupos de hinchas enajenados con gran falta de autoestima.

Este panorama de violencia que afecta la escuela es un escenario propicio para la práctica de un deporte como el Crashball que enfoque la ira, la agresión y permita la reconstrucción de mentes juveniles que podrían aportar más a la sociedad y reducir el índice de conflictos que actualmente están disparados en miles de instituciones educativas.

CAPÍTULO V
¿Cómo desarrollar una escuela de Crashball en las instituciones educativas?

Siguiendo el orden de ideas de los capítulos anteriores, en las próximas líneas se sugiere el procedimiento para iniciar un club deportivo de Crashball en las diferentes instituciones como herramienta pedagógica para contrarrestar la agresión escolar.

Modelo deportivo del Crashball

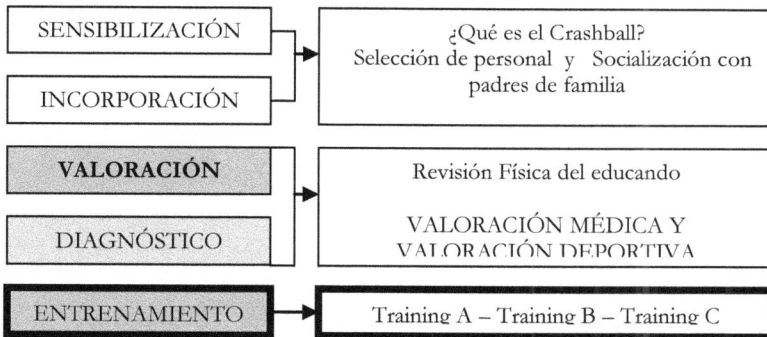

SENSIBILIZACIÓN	¿Qué es el Crashball?
INCORPORACIÓN	Selección de personal y Socialización con padres de familia

VALORACIÓN	Revisión Física del educando
DIAGNÓSTICO	VALORACIÓN MÉDICA Y VALORACIÓN DEPORTIVA

ENTRENAMIENTO	Training A – Training B – Training C

- **SENSIBILIZACIÓN**: es muy importante hablar con los estudiantes sobre las características generales del juego, sus reglas básicas y la necesidad de poseer voluntad y disposición para entrenar. Posteriormente es vital hacer una reunión con los padres de familia para sensibilizarlos sobre la importancia de la práctica del Crashball como un deporte que involucra valores importantes como son el autocontrol y el trabajo en equipo, los cuales aportan mucho a la modificación de conductas agresivas y permiten aumentar la autoestima y la capacidad de cooperar con otros para lograr objetivos comunes. Igualmente es preciso solicitar autorizaciones para los educandos que se vayan a incorporar.

- **INCORPORACIÓN**: en ésta etapa se facilitan formularios de inscripción (*ver modelo en Anexos*) y se solicita una valoración médica que nos garantice buenas condiciones físicas de los educandos para entrenar. Se sugiere en ésta etapa conformar al menos cuatro grupos de siete personas cada uno (*28 educandos*)

- **VALORACIÓN**: cuando nos hayan entregado la valoración médica solicitada en la incorporación, procedemos a realizar una valoración deportiva, la cual consta de tres *tests* básicos: un trote de dos tiempos (*15 minutos cada uno*); una serie de diez abdominales y diez flexiones de brazos; tres carreras de velocidad.

- **DIAGNÓSTICO**: se aplican los ejercicios descritos en el *capítulo III* del libro.

- **ENTRENAMIENTO**: se comienza con las reglas básicas del Crashball como práctica deportiva (*ver Capítulo I del libro*) y se habitúa a los educandos a la terminología propia del deporte como *Backgroup*, *Tackle – Up*, *Tackle – Down*, *Gold point*, *touch*, etc. Aquí es importante ensayar el comienzo de un partido, hacer buen *taclaje*, trabajo cooperativo y manejo de balones medicinales, se sugieren entre 1kg a 4kg. Cuando haya finalizado el Training A, el entrenamiento se hace con los balones ovales trabajando saltos, pases, trabajo táctico básico y se juegan los primeros partidos con *sets* de 10 minutos cada uno, para corregir jugadas, salidas, faltas y demás aspectos propios del Crashball. En el Training C, la idea es que los estudiantes puedan jugar partidos completos con todo el reglamento y sean

capaces de sugerir jugadas, trabajo táctico y retroalimentar el avance de su entrenamiento. Aquí es el momento oportuno para trabajar en los conceptos de autocontrol y verificar el mejoramiento continuo de los educandos en cuanto el control de la agresividad, el respeto hacia sus compañeros y la tolerancia como valores personales.

Conformación de equipos

Cada equipo tiene siete jugadores porque debe haber tres *stones*, tres *hunters* y un *backhunter*. Como se indicó anteriormente se sugiere que haya al menos cuatro equipos para generar competencia y trabajo cooperativo, si es posible, lo ideal sería que se conformaran diez equipos entre los diez y diecisiete años con chicos que presenten muchos problemas de agresividad e intolerancia.

Es bueno sugerir el diseño de uniformes como distintivo de los demás e igualmente escoger un nombre, aquí presentamos los nombres de futuros equipos profesionales para inspirar la elección de uno o varios dependiendo de la institución educativa:

SPARTANS	EAGLES	GLADIATORS
WILD BOARS	ROYALS	STANFORD
JOCKERS	LIONS	DRACHEN
DRAGONS	GREEKS	STONES
SPEARS	SWORDS	WOLVES

Esquema de entrenamientos (A, B y C)

- Taclaje: es un aspecto importante del Crashball y por ende debe hacer parte de la primera parte del

entrenamiento. Hay tres tipos de taclaje: superior,

medio y bajo, el primero trabaja brazos, espalda y manos y se concentra la fuerza en los bíceps; el segundo trabaja pectorales y tronco concentrando la fuerza en el pecho; el tercero requiere de un cuidadoso ataque al adversario en la cadera usando las manos y brazos tratando de dejarlo fuera de combate.

- Fuerza y resistencia: dos aspectos igualmente importantes en el Crashball y se adquieren con un trabajo juicioso de balones medicinales, abdominales y trabajo cooperativo mediante el juego de pases, carreras de ataque y la aplicación de ejercicios tales como el *"Irish Bull"* o *"Stolen Ball"*.

- Pases y Trabajo táctico: hacen parte del Training B y consta de un trabajo en el campo de juego reconociendo los roles de cada *stone*, *hunter* y *backhunter*, ésta fase es vital para seleccionar a cada uno de éstos dependiendo de sus habilidades: un *stone* debe ser fuerte, un *hunter* debe ser rápido atrapando y pasando el balón oval y un *backhunter* debe ser rápido en el taclaje.

- Juego con reglas: en el Training C es muy importante trabajar en la técnica y la táctica propias del Crashball, ya que allí se debe tener claro los roles de cada posición de juego y el alcance de objetivos comunes. Las

anotaciones adquieren una dimensión de competencia que es preciso trabajar mucho en las reglas y el juego limpio para enseñar a los chicos que el respeto se mide en el conocimiento de la norma.

Objetivos del Crashball como modelo de *coaching* en instituciones educativas

✓ Dar a conocer el Crashball como deporte alternativo a los tradicionales
✓ Comprender la importancia del Crashball como herramienta pedagógica que sirve para contrarrestar la agresión escolar
✓ Incentivar el trabajo en equipo y el autocontrol de las emociones en las nuevas generaciones
✓ Implementar la práctica del Crashball como instrumento de formación deportiva de alta competencia
✓ Fomentar el buen uso del tiempo libre en las instituciones educativas del país

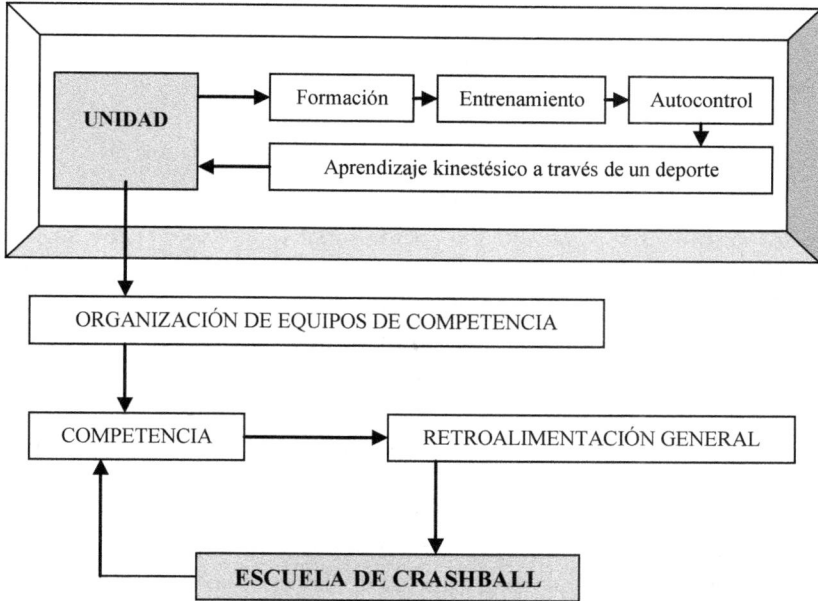

CAPÍTULO VI
Reseña histórica del Crashball

El Crashball es un deporte nuevo diseñado por el autor del libro que se basa en los principios del *Rugby* profesional adaptados a escenarios latinoamericanos, el significado del término en castellano es **Crash**: *estrellar, chocar, agitar* y **Ball**: *pelota o balón*. Debido a esto, su historia está asociada a las raíces del *rugby*. Sin embargo, pese a su cercanía, se remonta más a los juegos de pelota que desarrollaban los druidas en las festividades del dios *Tutatis*, usando una pelota que representaba el disco solar.

Para comprender esta asociación veamos primero un poco los conceptos propios del druidismo la cual era una creencia religiosa de los antiguos celtas que habitaron la Galia y las islas británicas desde el siglo II a.C. hasta el II d.C. En ciertas regiones de Inglaterra que no fueron invadidas por los romanos, el druidismo sobrevivió hasta dos o tres siglos más tarde, cuando fue suplantado por el cristianismo. Una de las creencias de esta religión consistía en la inmortalidad del alma, que pasaba después de la muerte al cuerpo de un recién nacido. De acuerdo con los informes de Julio César, quien se basaba a su vez en el informe parcial del culto escrito de Posidonius, historiador y filósofo estoico, los druidas se creían descendientes de un ser supremo. Documentos antiguos sostienen que los druidas ejercían las funciones de sacerdotes, de profesores de religión, de jueces y de administradores públicos, después de haber sido investidos del poder supremo bajo un árbol de muérdago. Existían tres clases de druidas: los *profetas*, los *bardos* y los *sacerdotes*. Eran asistidos por mujeres profetisas o por brujas, quienes no contaban con los poderes ni con los privilegios de los druidas. Los druidas estaban muy instruidos en temas como la astrología, la magia y las misteriosas cualidades de las plantas y los animales; otorgaban una importancia especial a los robles y al muérdago, sobre todo cuando este último había crecido en un roble; era habitual que celebraran sus rituales en bosques de robles. Los arqueólogos creen que es probable que los druidas usaran monumentos de piedra conocidos como *dólmenes*, como altares y templos; estos monolitos han sido hallados por toda la zona por donde floreció el druidismo. *Stonehenge* fue su núcleo religioso durante muchos siglos.

Los druidas lideraron a su pueblo en la resistencia que opusieron durante la invasión de los romanos, pero su poder se vio debilitado por la rebelión de los guerreros galos, quienes envidiaban su autoridad política. La superioridad de la fuerza militar romana y la consecuente conversión de muchos seguidores del druidismo al cristianismo, llevó a que esta religión desapareciera.

De la riqueza cultural heredada por los druidas se encuentra los juegos de pelota que servían de protocolo a las ceremonias más importantes. Esos juegos tenían una organización muy similar al de los equipos actuales de rugby o de fútbol profesional, ya que estaban conformados por equipos de doce a quince personas quienes disputaban un terreno sagrado llevando la pelota de un lado a otro hasta alcanzar una meta final, que generalmente era un manantial, un riachuelo o un pequeño lago. La dirección del partido estaba a cargo de un druida sacerdote, quien estimulaba a los jugadores para que imprimieran más velocidad o fuerza en el desplazamiento del balón.

Igualmente había juegos de pelota privados que tenían más significado místico y conducían a sacrificios humanos o de animales.

Cuando llega el siglo XIX, Inglaterra estaba viviendo el apogeo industrial y estaba incorporando territorios tanto en Europa como en los demás continentes, así, Escocia, Irlanda, Australia, Nueva Zelanda y Suráfrica entraron en el área de influencia cultural inglesa. Allí llegaron los jugadores de Rugby que poco a poco difundieron este rudo deporte, adquiriendo adeptos que hoy en día son los integrantes de poderosas selecciones que ha ganado mundiales.

La idea del Crashball en Colombia

Surge de la necesidad de incorporar un proyecto de uso del tiempo libre en una institución educativa distrital en el suroriente de Bogotá, ya que había muchos jóvenes con alto índice de agresividad, baja autoestima y problemas de convivencia. Así, se desarrolla la idea de practicar un deporte que permita el *"desfogue"* de la energía y la agresividad, conviertiéndola en una experiencia de aprendizaje y compartir con individuos de diferentes grados y condiciones psicoafectivas.

El 20 de agosto de 2011 se lleva a cabo la primera práctica de entrenamiento con doce estudiantes de diferentes grados (7°,

8°, 9°, 10° y 11°) con un balón ligero de piscina. Se dan a conocer las reglas básicas y las bases del juego, las cuales fueron acogidas rápidamente. Se puede considerar como exitosa dadas las condiciones del suelo (*ladrillo y concreto*) y la expectativa generada en los educandos.

Sucesivamente, se realizan prácticas en las instalaciones del colegio hasta el 29 de Octubre de 2011, siendo la primera exhibición del juego el día anterior con una extraordinaria acogida de la comunidad escolar, especialmente en el público de los ciclos II y III.

Posteriormente se realizan las prácticas en el Parque *"Cantarrana"* de la Localidad Quinta de Usme, integrándose dos equipos de siete jugadores cada uno, de acuerdo al reglamento.

Se espera que para el 2012 haya 70 posibles candidatos a participar del programa en el colegio, los cuales

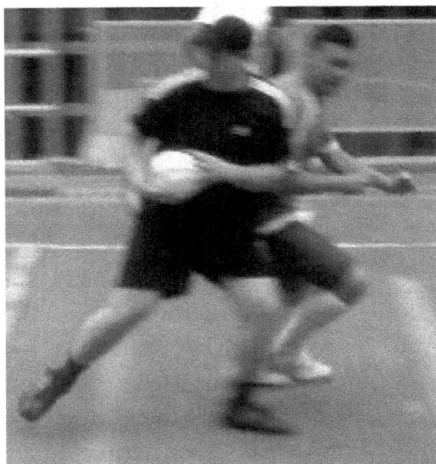

en su mayoría presenta agresividad, hiperactividad y falta de acatamiento de las normas. Si no se inicia algo es imposible saber cómo terminará o cómo se fortalecerá, por ello se hace necesario difundir la idea en todas las instituciones educativas para que inicien sus propios clubes que con el tiempo puedan competir de manera interinstitucional propiciando la competencia y el buen manejo del tiempo libre.

Por ello finalizamos éste capítulo invitando a toda la comunidad de docentes de *Educación Física* para que se motiven y construyan sus propias experiencias de innovación buscando estrategias acertadas para el fomento de los valores, el cuidado del cuerpo y el autocontrol, es preciso crear *"excusas"* para llegar a los educandos y orientarlos fuera de los convencionalismos y la argumentación sin sentido. A veces conocemos las fuentes del problema, pero nos impedimos a nosotros mismos para dar solución pertinente a los conflictos escolares, el deporte, la recreación son fuente inagotable de creatividad que permite involucrar a todos los estamentos de una comunidad escolar y generar cambios positivos, resultados verificables que complementan la formación regular, quizá el problema no es el sistema, es la gestión del sistema en función de la realidad, nuestro trabajo como docentes es acercar el sistema a ésa realidad para resignificarla y caracterizar el potencial de la población escolar.

ANEXOS

FORMULARIO DE INSCRIPCIÓN CLUB DE CRASHBALL

CLUB DEPORTIVO DE CRASHBALL
Formulario de Inscripción

DATOS BÁSICOS
Nombres y Apellidos: _____
Edad: _____ Peso: _____ Estatura: _____
Dirección: _____
Teléfonos: _____
E – mail: _____

Código

DATOS MÉDICOS
Soy alérgico a: _____
Estoy medicado con : _____
Tengo sobrepeso: SI __ NO__
He sido operado de: _____
Mi última revisión médica fue: D__ M__ A___

VALORACIÓN DEPORTIVA
Mi cardiorritmia es de: _____
Mi resistencia es: Alta__ Media__ Baja__
Mi test de Cooper es de: _____
Mi resistencia muscular es de: _____

AUTORIZACIÓN

Yo _____ acudiente del estudiante
_____ del grado _____ autorizo a
mi hijo a participar del proceso de entrenamiento para Crashball y
asumo mi responsabilidad en el acompañamiento permanente en
caso de emergencia, eventos o apoyo para su formación deportiva.

Firmas:

BIBLIOGRAFÍA

Alpaert, Richard (2000). *Rugby to everyone: fast facts*. London, Ed. UCP, Research notebooks.

Baeza, Jorge & Sandoval, Mario (2011). *Los sentidos de la violencia escolar*. En Revista Internacional Magisterio N° 53/Noviembre. Pp. 30 – 32

Caillois, Roger (1976). *Les Jeux et les hommes: la masque et le vertige*. Presses universitaires, Paris. Edition pour pdf.

Farrington, David (2001). *Games and techniques to play at school*. New York, University of Columbia Press.

Huizinga, Johan (1938). *Homo Ludens*. Cambridge Editions, London. Forward.

Klaushoffen, Werner (1995). *Der schultermensch für der Staatschift*. Hausttermann Verlag, Frankfurt.

Manzerotti, Carlos (1997). *Juegos, referencias y sociología de la recreación*. Editorial Ateneo, Buenos Aires.

Szyrvénék, Goranst (1987). *Zvény v Kewlevnie zy kadorsk*. Césky Produmantie – Praha.

RODOLFO MARTÍNEZ BUENO

Docente. (*29 de Junio de 1981 –*)

Nació en el municipio de Vélez – Santander del sur en el seno de una familia de origen *sefardita* proveniente de *Méknés* en el norte de Marruecos.

Adelantó estudios de Licenciatura en Ciencias Sociales en la *Universidad Pedagógica Nacional* en Bogotá, ejerciendo la profesión de docente en instituciones educativas tanto privadas como públicas en la modalidad de profesor de Social Studies, Filosofía, Historia y Geografía para estudiantes de básica y media. En el sector empresarial se desempeñó como Gerente de Investigación en *CEB Baumlengerken Ltda* al igual que ejerció el cargo de supervisor para la calidad organizacional entre 2007 y 2010.

Actualmente adelanta un proyecto para promover el *Crashball* en Colombia y Latinoamérica bajo un modelo de gestión tipo *empowerment* deportivo, como alternativa de formación en las instituciones educativas de básica, media y superior.

AGRADECIMIENTOS

A los estudiantes:
José Luis Rodríguez Montoya
Cristian Orlando Paz Mendoza
Gregorio Guarnizo Vanegas
Freddy Sandoval Pérez
Oscar Castro Rojas
Michael Mesa
Josué Isaac Pineda Valderrama
Julián Pérez Joya
Johnathan Chacón Cadena
Bryan Nova Camargo
Jorge Luis Nieto
Brayn Jaer Rojas Daza
Cristhian A. Guevara Parra
Daniel Franco Barrios
Bryan René Guzmán
Camilo Cubides Guerra
Johnathan Pachón Barrera
Cristian Murillo Téllez
Kevin Vargas
Felipe Barato Mancilla
Jeisson Vargas

Por su dedicación, esfuerzo y entrega en la conformación de los dos primeros equipos de Crashball de la historia, igualmente se hace extensivo el agradecimiento a toda la comunidad educativa del Colegio Orlando Fals Borda I.E.D encabezada por el Sr. Rector Eduardo Ramírez Ruiz, por su apoyo y acompañamiento al club deportivo de Crashball O.F.B.

Este libro se imprimió en Bogotá D.C – República de Colombia

Copyright©2011 Rodolfo Martínez Bueno
®El Crashball como herramienta pedagógica
autoreseditores SAS 2011

9 789584 498113

www.ingramcontent.com/pod-product-compliance
Lightning Source LLC
Chambersburg PA
CBHW060533030426
42337CB00021B/4235